José Luis Vicente Palencia

INTRODUCCIÓN AL URBANISMO: UN ENFOQUE PRÁCTICO PARA NO JURISTAS

José Luis Vicente Palencia

INTRODUCCIÓN AL URBANISMO: UN ENFOQUE PRÁCTICO PARA NO JURISTAS

Prólogo de Fernando García Rubio

Dykinson, S. L.

Editorial DYKINSON, S.L. Meléndez Valdés, 61 - 28015 Madrid
Teléfono (+34) 91 544 28 46 - (+34) 91 544 28 69

e-mail: info@dykinson.com
http://www.dykinson.es
http://www.dykinson.com

Consejo editorial véase www.dykinson.com/quienessomos

ISBN: 978-84-9031-988-8
Depósito Legal: M-11971-2014

ÍNDICE

PRÓLOGO

FERNANDO GARCÍA RUBIO
Profesor titular de derecho administrativo de la URJC, abogado y titular de la asesoría jurídica del Ayuntamiento de San Sebastián de los Reyes, director de Práctica urbanística, Wolters Kluwers , España.

Se me requiere por el autor de este libro la realización de un Prólogo, que como es lógico partiendo de la semántica pura del término pro-logos, es una introducción a lo que se va a proceder a leer, esta circunstancia implica necesariamente la brevedad sobre una materia que personalmente siempre me ha apasionado y que requiere de una prolija y extensa difusión, puesto que ha sido muchas veces injustamente denostada, aunque otras con mucha razón, por parte de la Sociedad: El Urbanismo.

En ese sentido D. Jose Luis Vicente Palencia, persona a la que conozco desde hace años por sus trabajos municipales, tanto en Getafe, como en el Consorcio de Leganés Tecnológico, ha dedicado un tiempo no siempre disponible a realizar un auténtico estudio de lo que es el Régimen Urbanístico, eso sí desde un enfoque práctico para no juristas, por lo que debe adelantarse las excusas que en buena parte no son incluso necesarias, sobre la falta de precisión, detalle o apoyo doctrinal en su extensa exposición sobre el Urbanismo.

En dicha línea el Urbanismo, debe recordarse, es una ciencia pluridisciplinar sobre la cual convergen conocimientos de ingeniería, de arquitectura, de economía, de medio ambiente, culturales etc., pero indudablemente el urbanismo como toda actividad de la administración, puesto que su naturaleza implica la limitación de la actividad privada por el ordenamiento jurídico-administrativo, es lógicamente una materia de necesario tratamiento jurídico por el imperativo de sometimiento pleno a la ley y al derecho, que nuestra Constitución realiza de la administración pública en el artículo 103.1.

Además de una materia jurídica, el urbanismo es una materia jurídico -administrativa, aunque tiene algunas vertientes e incidencias en el derecho civil, en cuanto a la propiedad, pero es una limitación de la propiedad, pero de naturaleza administrativa.

Partiendo de esa circunstancia, el autor lógicamente realiza un análisis del sistema urbanístico español partiendo del modelo de legislación estatal, pero ajustándose a una comunidad autónoma, que es en la que él reside, y es la que mejor conoce por su experiencia práctica de trabajo diario con el ámbito urbanístico: la de Madrid.

Debe destacarse, que ya en 2002 realizamos un estudio en forma de manual del derecho urbanístico de la Comunidad de Madrid, y desde este momento señalamos que dicho estudio hoy quedaría claramente desfasado, pese a ser la misma ley vigente, la ley 9/2001 de 17 de julio, por las numerosas modificaciones que se han operado de la propia ley Autonómica sin cambiar de ley, conforme a las modificaciones que atañe a las leyes puntuales, generalmente a la ley denominada de "acompañamiento" se produce del modelo urbanístico de la Comunidad Autónoma Madrileña.

El autor en la introducción, realiza una explicación del porqué del libro, que lógicamente dejó al lector en su perspectiva para analizar la relación teleológica entre el porqué y el resultado obtenido.

El libro se estructura en temas, por lo cual tiene especial interés para aquellos estudiantes de disciplinas no jurídicas que pretenden realizar una primera aproximación al urbanismo, puesto que desde un rigor incuestionable regula en su sencillez y método didáctico muy encomiable a través de esquemas, cuadros y referencias a la legislación específica, puesto que se realiza un análisis de todo el proceso urbanístico, partiendo del estatuto de la propiedad inmobiliaria con el régimen constitucional del urbanismo, la normativa aplicable cuestión ésta nada sencilla conforme a la desafortunada ,en nuestra opinión, doctrina del Tribunal Constitucional sobre las competencias exclusivas del artículo 149.1, y sobre todo las supletorias del artículo 149.3, en las Sentencias 61/1997 y 118/2001, analizando la ley de suelo estatal en su Texto Refundido 2/2008, la situación de este suelo y la clasificación de suelo en la Comunidad Autónoma de Madrid para posteriormente abundar sobre la ordenación del territorio por los diversos tipos de planes y el planeamiento urbanístico.

La regulación derivada de esa particularidad organizativa del régimen legislativo del urbanismo en España se diferencia en dos ámbitos, por un lado la legislación básica en relación con el estatuto de la propiedad inmobiliaria vinculada al título competencial del art. 149.1.8ª de la Carta Magna, así como el régimen de responsabilidad y de la expropiación forzosa que le corresponde a las Cortes Generales y por tanto es igual en todo el territorio nacional y las que por otra parte, en relación con las técnicas sustantivas urbanísticas, las figuras del planeamiento, los instrumentos de equidistribución de beneficios y cargas del planeamiento, el régimen de la disciplina urbanística o de la intervención administrativa sobre el uso del suelo y la edificación, los patrimonios públicos del suelo, donde la regulación correspondiente de todas esas instituciones, compete en su legislación a las comunidades autónomas con carácter exclusivo, y por tanto excluyente de la legislación estatal, que en base a la determinación del art. 149.3 de la Constitución,, tiene un carácter meramente supletorio de las comunidades autónomas, legislación además estatal que debe ser previa a la asunción con carácter exclusivo del título competencial en los diversos estatutos de autonomía.

En ese sentido el texto refundido de la ley de suelo 2/2008 de 20 de junio al establecer el marco estatal en materia de suelo y urbanismo, recoge de forma expresa esta distinción, al remitir constantemente a la legislación territorial por un lado y a la legislación urbanística por otro, diferenciándose por tanto entre el concepto de lo urbanístico y lo territorial.

Esta diferenciación sin perjuicio de una mayor profundización en la materia, la podemos encontrar en su origen en la ley 19/1975 dc reforma del régimen del suelo y ordenación urbana, que dio como consecuencia a la promulgación del texto refundido de la ley sobre el régimen del suelo y ordenación urbana, aprobado por Real Decreto Legislativo 1346/1976 de 9 de abril. En dicha norma se incorporaron los denominados planes directores territoriales de coordinación, configurando un planeamiento territorial por debajo del nonato plan nacional y por encima de los planeamientos generales, ya fueran municipales o los planeamiento generales de conjunto de carácter supramunicipal, pero ambos de carácter urbanístico.

Estas figuras de planificación territorial en virtud de la expresa distinción que realiza la propia Constitución en la competencia recogida en el art 148.1.3ª entre urbanismo y ordenación del territorio, han sido igualmente asumidas por las Comunidades Autónomas conforme a la habilitación de dicho precepto constitucional por todos y cada uno de los Estatutos de Autonomía ya desde su primera redacción, incorporándose como competencia exclusiva de las diferentes CCAA.

Diferenciando entre planeamiento general y planeamiento desarrollo y así se estudian los planes generales de ordenación urbana, los planes de sectorización, los planes parciales, estudios de detalles y los catálogos.

En primer lugar debemos destacar la importancia en sí misma de la ordenación territorial tal y como en su momento ya destacara López Ramón[1], en tanto en cuanto esta supone una adecuada consignación de los recursos naturales de las demandas sociales y de las administraciones, así como de carácter productivo y económico interrelacionando unas y otras y estableciendo una auténtica planificación en el sentido original de la técnica de planificación en su momento reafirmada por Martín Retortillo[2], esto es la ordenación, sistematización y previsión de multitud de elementos a los efectos de la consecución de objetivos genéricos y específicos en unos plazos determinados.

En sí misma, la ordenación territorial aunque sólo fuera como instrumento de coordinación de las actuaciones de la diversas administraciones públicas con competencias sectoriales que inciden sobre el territorio, materia de infraestructuras, medio ambiente, abastecimiento de agua a poblaciones, de suministro energético y de comunicaciones, etc., tiene en sí mismo una verdadera significación y un loable y encomiable fin.

Ahora bien una verdadera planificación territorial, pese a la evidente competencia exclusiva de que gozan las Comunidades Autónomas en la materia, debe ser objeto de un necesario consenso y ponderación dada la pluralidad de intereses afectados y de competencias concurrentes en la materia por parte de la administración general del Estado, de las Entidades locales supramunicipales y de los ayuntamientos.

En segundo lugar debemos destacar que la ordenación territorial no sólo tiene como fin el anteriormente anunciado aspecto, puesto que su incidencia directa en

1 Fernando López Ramon "Estudios jurídicos sobre ordenación del territorio" Aranzadi 1995.
2 Sebastián Martín Retortillo "derecho administrativo económico" La ley 1988. Tomo I.

virtud del principio de vinculación del planeamiento territorial sobre el planeamiento urbanístico general, tiene un carácter esencial de elemento de seguridad jurídica, principio consagrado por el art. 9.3 de la Constitución Española de 1978 y que supone el marco a considerar y cumplimentar por parte de las ordenaciones y planeamientos urbanísticos sobre su extensión y límites desde un punto de vista de concreción material al margen de las determinaciones legales genéricas reguladas por las leyes urbanísticas y sectoriales de la ordenación territorial aplicables a cada supuesto.

Así en los casos de existencia de una planificación territorial debidamente aprobada, dado el carácter vinculante de esta hacia los planeamientos generales, existirá un marco evidente de objetividad en relación con el ejercicio de la facultad de aprobación definitiva por parte de las Comunidades Autónomas sobre los planeamiento generales y en su caso parciales de desarrollo, que se sometan a la aprobación definitiva del órgano autonómico correspondiente para garantizar la objetividad y neutralidad de la decisión administrativa correspondiente. Puesto que el ejercicio de dichas competencias autonómicas estará limitado por el carácter reglado de la norma establecida por el planeamiento territorial correspondiente, eliminándose márgenes de discrecionalidad que normalmente incurren en la arbitrariedad derivada de cuestiones políticas, económicas, de competencia administrativa subjetiva, etc...

Posteriormente se prosigue con la ejecución de Planeamiento, y los sistemas urbanísticos de ejecución, que en la Comunidad de Madrid son, los de expropiación, ejecución forzosa, compensación y cooperación, puesto que en dicha región no se contempla el agente urbanizador.

En ese sentido, se trata singularmente la expropiación urbanística como sistema, seguramente derivada de la experiencia al respecto en el Consorcio de Leganés Tecnológico del autor.

Desde que el Tribunal Constitucional en las ya referidas sentencias 61/1997 y 164/2001, consagró la definitiva capacidad exclusiva de las Comunidades Autónomas en relación con la regulación del urbanismo, se ha producido un claro fenómeno en cuanto a la autonomización del derecho urbanístico[3] y en ese sentido debemos destacar que los tres grandes ámbitos clásicos de la legislación urbanística (siguiendo los reglamentos ejecutivos del texto refundido de la Ley del Suelo de 1976), esto es el planeamiento, la gestión y la disciplina urbanística, han sido asumidos en las legislaciones por las Comunidades Autónomas con un carácter exclusivo, quedando desplazadas las disposiciones estatales existentes en la materia, a mero derecho supletorio.

Pero si alguna de esas tres materias tiene un verdadero carácter autonómico por ser el núcleo del urbanismo, esto es, la no concurrencia de legislaciones sectoriales que incidan en él, como pueden ser las referidas al planeamiento (por sus correlaciones con normas reguladoras del dominio público o de actividades económicas y sociales diferenciadas), o a la disciplina urbanística (por idéntica relación en base

[3] Ramón Parada lo describe como "jibarización" al respecto vid "Ramón Parada Vázquez "Derecho Urbanístico". Marcial Pons. 2008.

a las autorizaciones sectoriales que podrían concurrir a la hora de la obtención de las preceptivas licencias urbanísticas), esta es la de la gestión urbanística o ejecución del planeamiento, en tanto en cuanto que los procesos de equidistribución de beneficios y cargas previstos en el planeamiento y de transformación de los suelos en situación rural, conforme a las denominaciones del ya indicado texto refundido de la Ley de Suelo 2/2008, de 20 de junio y las diferentes legislaciones autonómicas, hacia terrenos efectivamente urbanizados. Esto es, con todos los servicios que permitan la edificación y uso por la ciudadanía, lo cual supone una clara regulación específicamente autonómica y sin incidencias de otras legislaciones, en principio, es la ya referida gestión urbanística.

Ahora bien, partiendo de dicha circunstancia no debemos olvidar que existe un acerbo tradicional del concepto de Derecho urbanístico, cuyas construcciones hoy en buena parte tienen, como hemos apuntado, un carácter supletorio a nivel estatal, conforme a las determinaciones del Texto refundido de la Ley sobre el régimen del suelo y ordenación urbana, aprobado por Real Decreto Legislativo 1346/1976 de 11 de Abril, Y que en gran parte, aunque con diversas modulaciones, que estudiaremos a lo largo de este trabajo, dichas construcciones teóricas han sido asumidas como legislaciones propias de las diferentes Comunidades Autónomas.

Esos conceptos mismos, hacen que en toda regulación autonómica exista una serie de normativas y determinaciones relacionadas con la ejecución del planeamiento, esto es, asegurar la efectiva puesta en práctica de las ideas o determinaciones recogidas en la norma jurídica que es el planeamiento urbanístico, puesto que toda norma si no se aplica, carece de legitimidad.

Pero pese a esa clara regulación del derecho autonómico urbanístico de la ejecución del planeamiento, no debemos olvidar, junto a los anteriormente referidos conceptos supletorios, la existencia de una regulación estatal en virtud de sus títulos competenciales recogidos en el art. 149 de la Constitución que se sustancia fundamentalmente, con carácter pleno y prioritario a cualquier legislación autonómica en el anteriormente referido Real Decreto Legislativo 2/2008 de 20 de junio, de la Ley de Suelo, en cuyo texto refundido aprobado por la citada norma, se recogen las competencias estatales aplicables a esta materia.

En dicha norma se recogen en su exposición de motivos, como no podía ser menos, el carácter autonómico del derecho urbanístico, se indica expresamente (punto II. De la exposición de motivos), que *"se prescinde por primera vez de regular técnicas específicamente urbanística tales como los tipos de suelo, y se evita el uso de los tecnicismos propios de ellas para no configurar si quieren directamente, un concreto modelo urbanístico y poder facilitar al ciudadano la comprensión de este marco"*.

Posteriormente se abordan los convenios urbanísticos, que en la Comunidad de Madrid tienen la singularidad de la inexistencia de los convenios de planeamiento desde el año 2007, y los patrimonios públicos del suelo con la incidencia que sobre la legislación autonómica tienen las determinaciones estatales de la ley de suelo, y especialmente la muy reciente modificación operada por la ley 27/2013 de 27 de diciembre, de Racionalización y Sostenibilidad de la Administración Local, sobre la posibilidad de destino de los patrimonios municipales del suelo en enajenación para amortizar la deuda financiera de los Ayuntamientos.

A continuación se aborda el tema muy apreciado por mí, por que fue objeto de mi segundo libro, el de las licencias urbanísticas y en ese sentido en el marco tradicional de lo que es la disciplina urbanística nuevamente, se intenta explicar otra materia muy querida por el que suscribe, dada su experiencia profesional en el Ayuntamiento de Madrid y más tarde en Majadahonda, como sus trabajos al respecto, de la disciplina urbanística distinguiendo lógicamente entre la inspección , las infracciones y sanciones, y finalmente sobre los delitos urbanísticos, que aunque no sean objeto del derecho urbanístico desde un punto de vista jurídico-administrativo, si son de especial importancia en cuanto los límites de la denominada "delincuencia urbanística", que tan necesariamente debía de exigirse en cuanto a la limitación, y que tampoco ha sido objeto de ello, sobre todo por la existencia de los tipos para los artículos 319 y 320 del Código Penal, sobre delitos sobre ordenación del territorio.

En ese sentido debemos ubicar a todo el conjunto de técnicas que integran la denominada disciplina urbanística como elemento indispensable y consustancial para dar eficiencia y credibilidad a todo el sistema urbanístico, puesto que en caso contrario podemos encontrarnos con situaciones lamentablemente habituales, por lo menos en los momentos de gran crecimiento urbanístico de discordancias entre la realidad física y la realidad jurídica de las urbanizaciones, cuestión ésta muy habitual en los Países Iberoamericanos en base a la denominada "informalidad" que supone la existencia de normas, procedimientos y Tribunales que tienen unas técnicas avanzadas en los procedimientos concretos, pero que no se ven acompasados y complementados por una actuación en la ejecución de las sentencias o en la disposición de las realidades físicas al Ordenamiento Jurídico que hagan creíble y viable ese sistema que en teoría tiene alto grado de perfeccionamiento.

Esta realidad debe implicar una clara actuación en las tres ramas de la disciplina urbanística:

a) la inspección como elemento fundamental y esencial para la verificación de las actuaciones realizadas incluso en curso de ejecución en obras ,para evitar males mayores.

Eso si con las garantías debidas a los ciudadanos, pero cumpliendo y haciendo cumplir la Ley como es toda obligación de la Administración por la vinculación que el sometimiento pleno a la Ley y al derecho que el art. 103.1 de la Carta Magna establece.

b) Pero igualmente las funciones de restauración de la legalidad urbanística mediante los procedimientos correspondientes como es lógico, pero teniendo en cuenta el principio de proporcionalidad y tal y como ha indicado el Tribunal Supremo la "última ratio" de las órdenes de demolición, que no tienen que generalizarse sino que prevenirse y que además cuando se dictan, tras los correspondientes y lógicos recursos ante los tribunales jurisdiccionales, deben ejecutarse puesto que una actuación ilegal así declarada no demolida, genera una situación aparte de inseguridad física por el estado de las construcciones, de inseguridad jurídica y de mal ejemplo ante la ciudadanía.

c)Y desde luego en tercer lugar deben establecerse conductas ejemplarizantes mediante los correspondientes procedimientos sancionadores que en ningún caso pueden vincularse a la penosa situación de las Haciendas Locales y Autonómicas mediante la implantación de procedimientos neorecaudatorios, sino que deben ser conforme al fin de el derecho sancionador ,que analizara magistralmente Alejandro Nieto, sobre el castigo ejemplarizante para evitar recaer en conductas similares de las actuaciones ilegales.

Debemos recordar que los principios del derecho sancionador corresponde esencialmente con los de derecho penal y que por tanto la frase del Marques de Beccaria sobre necesidad de reeducación mediante las penas debe ser un elemento esencial del derecho sancionador urbanístico.

En cualquier caso éstas actuaciones deben estar vinculadas a un principio de proporcionalidad y a la necesaria dotación de más medios, esto es traslación de medios desde el control preventivo de las Administraciones con competencias Urbanísticas a el control de supervisión y en su caso represión de las conductas ilícitas.

Son tiempos difíciles pero que no deben de suponer que por la máxima de la actuación urbanística se pierdan las necesarias provisiones de la legalidad frente a la oportunidad económica, en ese sentido debemos señalar que la Sentencia del Tribunal Supremo Sala 3ª Sección 5ª de 15 de junio de 2012 en el Recurso 3090/2009 recoge dichas circunstancias.

El libro concluye con un epílogo, a modo de despedida en el cual el autor realiza unas reflexiones sobre el objeto de su trabajo que califica de esquemático y sintético de desarrollo de los procesos urbanísticos, y se permite señalar la posibilidad de haber ofendido a Dios utilizando la terminología de Leonardo Da Vinci, por la realización del trabajo a su objeción sin calidad.

En ese sentido debo destacar, que desde mi experiencia en la lectura de innumerables trabajos urbanísticos, al final los textos más importantes son los esquemáticos y sencillos que dan lugar a la comprensión de los asuntos, puesto que posteriormente ya en otros ambientes académicos o doctrinales se podrá ahondar y profundizar sobre la materia, pero tanto como una aproximación técnica sobre los asuntos urbanísticos, como incluso para la dilucidación de controversias en Juzgados de lo Contencioso Administrativo, es más importante la claridad y sencillez expositiva que otras muchas cuestiones al respeto.

Por tanto, en una era en el que el desafuero y el abuso del urbanismo, tal y como enunciara en su momento Martín Mateo, en su inmejorable obra "la gallina de los huevos de cemento", como el descrédito general sobre la clase Política Municipal en relación con las corruptelas urbanísticas, incluso la desconfianza general hacia el urbanismo que tiene la mayor parte de la sociedad tiene un especial interés un esfuerzo clarificador y didáctico para las personas que se aproximan por primera vez al urbanismo, lo cual es encomiable y digno de elogio.

Me consta el esfuerzo que ha realizado el autor quitándole tiempo a su familia y a su trabajo, en la actualidad como Director de Relaciones Institucionales de la Sociedad Estatal de Promoción y Equipamiento del Suelo del Ministerio de Fomento, cuestión esta que nunca es suficientemente valorada, por los ámbitos doctrinales, puesto que en la vida el hombre no solo vive de citas bibliográficas, ni dictámenes, si no que requiere normalmente de un salario por un trabajo.

Obviamente este libro no pretende, ni el autor creo que lo considere, ser una referencia doctrinal, ni objeto de citas, pero sí puede ser una interesante guía para una aproximación al urbanismo desde disciplina no jurídica, por lo cual debemos de felicitar al autor, y animar desde aquí a los lectores sobre el trabajo que ahora mismo van a dar comienzo a su digestión intelectual.

Agradeciendo, a D. José Luis Vicente Palencia, la confianza e interés depositado en que sea este modesto Profesor, el que le prologue, les animo sin más, a comenzar la lectura.

INTRODUCCIÓN: ¿EL PORQUÉ DE ESTE LIBRO?

Después de algunos años revisando apuntes, tirando de chuletillas propias y ajenas, acudiendo a la legislación pertinente con el fin de resolver en cada momento las dudas que me acaecían en mi labor cotidiana y tras algún error que otro, siempre tenia en la mente, la necesidad de lo útil que sería poder disponer de esos mismos apuntes de una forma esquematizada, que fuera capaz de una manera rápida de resolver mi falta de conocimientos, mi falta de comprensión urbanística y la prolija legislación existente al respecto; tan prolija como que se puede afirmar que hay al menos 17 legislaciones distintas, una por cada comunidad autónoma; sin contar la multitud de reglamentación municipal existente (la cuál, por lo obvio, todas ellas no son objeto de este texto).

Una vez detectada la necesidad, venía lo más difícil, superar la pereza y el adentrase en algo nuevo, con todas las dudas que ello conlleva, de saber si serás capaz de conseguir el objetivo propuesto de una manera digna.

El impulso definitivo, no fue en solitario. Con motivo de la elaboración de unos textos para un curso sobre urbanismo y ordenación del territorio en la Comunidad de Madrid, que conjuntamente preparamos, primero un gran compañero de Master y hoy un gran amigo, surgió la base fundamental y fue la incubadora para que este texto hoy pueda ser una realidad.

A partir de ahí, tocaba acotar el trabajo ha desarrollar y la forma estética que habría que tener, debía ser algo visual (dentro de las limitaciones que este formato de papel y de libros tiene) y fácilmente comprensible, sin perder del todo el rigor jurídico, hasta tal punto que lo hiciera parecer como un trabajo falto de laboriosidad, sin fondo académico y poco didáctico. Debía ser urbanismo para no urbanistas, ese era el concepto.

Por ello, decidí centrarme en lo que mejor conocía y aunque hoy en día mis responsabilidades profesionales me ayudan a conocer esa variedad y dispersión de legislaciones autonómicas, si se puede decir que conozco alguna más en profundidad, es la legislación y el urbanismo en la Comunidad de Madrid.

Primero lo descubrí desde la práctica, sin tener los conocimientos necesarios, posteriormente desde el estudio de toda la normativa existente y aplicable en esta Comunidad Autónoma y finalmente, tuve la suerte de poder aplicar, tanto la práctica como la teoría, en la ejecución de proyectos de transformación de ámbitos territoriales concretos y en algún caso, incluso con procedimientos excepcionales previstos en la legislación urbanística, pero que siempre van acompañados de ciertas dosis de atrevimiento y creatividad en su ejecución sobre el terreno específico y el caso concreto.

Fruto de todo ello, son los dieciséis temas en los que se concretan este trabajo. Temas que van desde la generalidad del concepto de urbanismo y su evolución, hasta la concreción de las sanciones por el incumplimiento del planeamiento urbanístico por ejemplo. Temas seleccionados, desde un punto de vista eminentemente práctico y fácilmente esquematizables.

No se trataba de realizar un manual al uso, hay muchos y mejores, tampoco enfangarme en la realización de un tratado o una tesina sobre el urbanismo, tarea harta difícil y con total sinceridad no creo que asumible por mi. Como reza el título, este texto, no es más que una introducción al urbanismo, un enfoque práctico para no juristas.

No puede terminar esta breve introducción sin los agradecimientos, mi gratitud a la familia y amigos con mayúsculas, a los cuales quiero agradecer no solo que este libro vea la luz y sea una realidad, si no todo el apoyo y el cariño que me demuestran cada día. En especial, a mi hijo, José, José Luis Vicente Fernández, (el nombre completo es porque me dice que si no nadie sabe que la dedicatoria es para él, Josés hay muchos), que a pesar de su inquietud y constante perseverancia infantil en sus juegos y acciones, hace con su sonrisa que todo sea más fácil.

TEMA I. INTRODUCCIÓN. RÉGIMEN CONSTITUCIONAL DEL URBANISMO, LA ORDENACIÓN DEL TERRITORIO Y LA VIVIENDA

URBANISMO: CONCEPTO, CONTENIDO Y EVOLUCIÓN

CONCEPTO	**Disciplina jurídica** del hecho social o colectivo de los asentamientos de población en el espacio físico, lo que, en el plano jurídico, se traduce en la "ordenación urbanística", como objeto normativo de las Leyes urbanísticas (recogida en la primera Ley del Suelo de 1956, Art. 1º). **Técnica** que tiene como función la **ordenación** del uso del suelo y la edificación de la ciudad. **STC** 61/1997 *"hecho social o colectivo de los asentamientos de la población en el espacio físico"*
CONTENIDO	**Potestades** concretas (en cuanto atribuidas o controladas por Entes públicos), tales como las referidas al planeamiento, la gestión o ejecución de instrumentos planificadores y la intervención administrativa en las facultades dominicales sobre el uso del suelo y edificación, a cuyo servicio se arbitran técnicas jurídicas concretas; a lo que ha de añadirse la determinación, en lo pertinente, del **régimen** jurídico del suelo en tanto que soporte de la actividad transformadora que implica la urbanización y edificación. Estas potestades se traducen en la fijación de lo que pudiéramos llamar **políticas de ordenación de la ciudad**, en tanto en cuanto mediante ellas se viene a determinar el cómo, cuándo y dónde deben surgir o desarrollarse los asentamientos humanos, y a cuyo servicio se disponen las técnicas e instrumentos urbanísticos precisos para lograr tal objetivo.
EVOLUCIÓN	La historia del Derecho urbanístico español contemporáneo se forjó en la segunda mitad del siglo XIX, en un contexto socio-económico de industrialización y urbanización, en torno a dos grandes tipos de operaciones urbanísticas: el ensanche y la reforma interior, la creación de nueva ciudad y el saneamiento y la reforma de la existente. Dicha historia cristalizó a mediados del siglo XX con la primera ley completa en la materia, la ley del suelo de 1956, de la que sigue siendo tributaria nuestra tradición posterior. En efecto, las grandes instituciones urbanísticas actuales conservan una fuerte inercia respecto de las concebidas entonces: la **clasificación** del suelo como técnica por excelencia de la que se valen tanto la ordenación como la ejecución urbanísticas, donde la clase de urbanizable es la verdadera protagonista y la del suelo rústico o no urbanizable no merece apenas atención por jugar un papel exclusivamente negativo o residual; la instrumentación de la ordenación mediante un sistema rígido de desagregación sucesiva de **planes**; la **ejecución** de dichos planes prácticamente identificada con la urbanización sistemática, que puede ser acometida mediante formas de **gestión pública o privada**, a través de un conjunto de **sistemas de actuación.**

RÉGIMEN CONSTITUCIONAL DEL URBANISMO, LA ORDENACIÓN DEL TERRITORIO Y LA VIVIENDA

En primer lugar, la Constitución de 1978 establece un nuevo marco de referencia para la materia, tanto en lo dogmático como en lo organizativo. La Constitución se ocupa de la regulación de los **usos del suelo** en su **artículo 47**, a propósito de la efectividad **del derecho a la vivienda**:

> *"**Artículo 47:** Todos los españoles tienen derecho a disfrutar de una **vivienda** digna y adecuada. Los poderes públicos promoverán las condiciones necesarias y establecerán las normas pertinentes para hacer efectivo este derecho, regulando la **utilización del suelo** de acuerdo con el interés general para impedir la especulación. La comunidad participará en las plusvalías que genere la acción urbanística de los entes públicos."*

A su vez y dentro del **bloque normativo ambiental y cultural** formado por sus artículos 45 y 46, cabe inferir que las diversas competencias concurrentes en la materia deben contribuir de manera leal a la política de **utilización racional de los recursos naturales y culturales**, en particular el territorio, el suelo y el patrimonio urbano y arquitectónico, que son el soporte, objeto y escenario necesario de aquéllas al servicio de la **calidad de vida**.

> ***"Artículo 45***
> *1. Todos tienen el derecho a disfrutar de un medio ambiente adecuado para el desarrollo de la persona, así como el deber de conservarlo.*
> *2. Los poderes públicos velarán por la utilización racional de todos los recursos naturales, con el fin de proteger y mejorar la calidad de la vida y defender y restaurar el medio ambiente, apoyándose en la indispensable solidaridad colectiva.*
> *3. Para quienes violen lo dispuesto en el apartado anterior, en los términos que la ley fije se establecerán sanciones penales o, en su caso, administrativas, así como la obligación de reparar el daño causado".*

> *"**Artículo 46:** Los poderes públicos garantizarán la conservación y promoverán el enriquecimiento del patrimonio histórico, cultural y artístico de los pueblos de España y de los bienes que lo integran, cualquiera que sea su régimen jurídico y su titularidad. La ley penal sancionará los atentados contra este patrimonio."*

En segundo lugar, el nuevo orden competencial instaurado establecido en estas materias por el bloque de la constitucionalidad, según ha sido interpretado por la doctrina del Tribunal Constitucional (STC 61/1997 y 164/2001), atribuye competencias exclusivas a:

Las **Comunidades Autónomas** en materia de ordenación del territorio, urbanismo y vivienda (recogidas en **148.1.3 CE** y plasmadas en los Estatutos de Autonomía) y, en particular, sobre patrimonios públicos de suelo.

El **Estado** le corresponde a su vez ejercer ciertas competencias que inciden sobre la materia, pero debiendo evitar condicionarla en lo posible, como es el importante título competencial para regular las condiciones básicas de la igualdad en el ejercicio de los derechos y el cumplimiento de los deberes constitucionales (Art.149.1.1ª CE), y por otra parte, el régimen de las expropiaciones, valoraciones y responsabilidad de las administraciones públicas conforme al art. 149.1.18ª CE, la protección del Medio Ambiente del art. 149.1.23ª CE y el estatuto de la propiedad inmobiliaria del art. 149.1.8ª CE.

Pero una larga tradición ha provocado la simplista identificación de tales derechos y deberes con los de la propiedad. Pero los derechos constitucionales afectados son también otros, como el de **participación ciudadana** en los asuntos públicos (art. 23 CE), el de **libre empresa (art. 38 CE)**, el derecho a un **medio ambiente** adecuado (art. 46 CE) y, sobre todo, el derecho a una **vivienda digna** y asimismo adecuada, al que la propia Constitución vincula directamente con la regulación de los usos del suelo en su artículo 47.

A los entes locales les atribuye la **ordenación** (aprobación del planeamiento compartida con las CCAA), ejecución del planeamiento, gestión y disciplina urbanística en los términos de la legislación estatal y autonómica; tal y como prevé el art. 25.1.d de la Ley 7/1985, de 2 de abril, reguladora de las bases del régimen local.

TEMA II. NORMATIVA APLICABLE

NORMATIVA APLICABLE EN LA COMUNIDAD DE MADRID

1.1. Normativa aplicable

En primer lugar, conviene apuntar que la Comunidad Autónoma de Madrid tiene atribuida en **exclusiva** la competencia en materia de "**ordenación del territorio, urbanismo y vivienda**" , en aplicación del art. 26.3 de su Estatuto de Autonomía y de conformidad con la habilitación prevista por el art. 148.1.3ª de la Constitución Española.

> **Art. 26.3 Estatuto de Autonomía de Madrid.** Ley Orgánica 3/1983, de 25 febrero:
>
> *"La Comunidad de Madrid, en los términos establecidos en el presente Estatuto, tiene competencia exclusiva en las siguientes materias:*
>
> *[...]*
>
> *1.4* Ordenación del territorio, urbanismo y vivienda."
>
> **Art.148.1.3ª** Constitución de 27 diciembre 1978:
>
> *"1. Las Comunidades Autónomas podrán asumir competencias en las siguientes materias:*
>
> *[...]*
>
> *3ª Ordenación del territorio, urbanismo y vivienda."*

El impacto que sobre el sistema de fuentes normativas provocó en la materia ahora objeto de estudio (ordenación del territorio y urbanismo) la STC de 20-3-1997 , hace que diferenciemos la normativa de aplicación en la Comunidad Autónoma de Madrid tomando como elemento diferenciador la mencionada sentencia.

1.2. Normativa aplicable anterior a la STC 61/1997, de 20 marzo

Con anterioridad a la **Constitución Española** (en adelante CE) , el **Texto Refundido de la Ley del Suelo de 1976** (en adelante TRLS/1976) , tal y como anotaba en su art. 1 , reguló la ordenación urbanística en todo el territorio nacional, por lo que dicha norma fue de total aplicación en la Comunidad Autónoma de Madrid.

Tras la entrada en vigor de la CE, el legislador madrileño aprobó diversa normativa reguladora de la ordenación del territorio y del urbanismo. De dicha normativa destacamos la siguiente: Ley 4/1984, de 10 febrero, de medidas de disciplina urbanística; Ley 10/1984, de 30 mayo , de ordenación territorial; Ley 8/1985, de 4 diciembre, por la que se deja sin aplicación en el ámbito de la Comunidad Autónoma la figura de los proyectos de delimitación de suelo urbano; Ley 9/1985, de 4 diciembre, por la que se reguló el tratamiento de actuaciones urbanísticas ilegales.

El Estado aprobó, con carácter sustancialmente básico, la Ley 8/1990, de 25 de julio, de reforma del régimen urbanístico del suelo y valoraciones del suelo, y en el mes de junio de 1992 se publicó en el BOE el TRLS de 1992. El TRLS de 1992, tal y como apuntaba en su disp. final única , contenía determinados preceptos que habían de ser considerados como legislación básica del Estado junto con otros, que según el propio legislador, serían de **aplicación supletoria** en las Comunidades Autónomas, es decir, aplicables únicamente cuando el legislador autonómico no procediera a su regulación. A pesar de que como hemos adelantado la Comunidad Autónoma de Madrid contaba con normativa propia en la materia objeto de estudio, el TRLS/1992 tuvo su impacto en la misma.

La situación normativa en la Comunidad Autónoma, por consiguiente, con carácter previo a la STC de 20-3-1997 podía resumirse de la siguiente forma:

- Legislación propia autonómica. Fundamentalmente, Ley 4/1984, de 10 febrero; Ley 10/1984, de 30 mayo ; Ley 9/1985, de 4 diciembre ; Ley 9/1995, de 28 marzo, por la que se deroga la Ley 10/1984 .
- Legislación básica del Estado (contenida en el TRLS/1992 y en la Ley 8/1990, de 25 de julio).
- Legislación estatal que con carácter supletorio podía ser de aplicación en la Comunidad Autónoma (parte del TRLS/1992).

1.3. Legislación aplicable en la Comunidad Autónoma de Madrid tras la STC 61/1997, de 20 marzo

Como hemos adelantado, la STC de 20-3-1997 tuvo un fuerte impacto en el sistema de fuentes normativas en materia de ordenación del territorio y urbanismo.

Desde un punto de vista global, el TC declaró un alcance amplio a la competencia autonómica sobre la materia y, en correlación, restringió la competencia estatal a estrictos términos sobre régimen jurídico del suelo, valoraciones y expropiaciones. Desde el punto de vista práctico supuso la declaración de inconstitucionalidad de numerosos preceptos del TRLS/1992.

Tras la mencionada sentencia, el legislador madrileño aprueba la Ley 20/1997, de 15 julio, de medidas urgentes en materia de suelo y urbanismo, que como en su exposición de motivos se apunta tiene por objeto *"cubrir temporalmente la limitada quiebra que de la cobertura legal formal de la ordenación urbanística y de su gestión"* se ocasionó tras la STC citada.

El Estado, reaccionando ante la declaración de inconstitucionalidad de la STC de 20-3-1997 , aprobó la Ley 6/1998, de 13 de abril, del régimen del suelo y valoraciones, declarando de carácter básico la mayoría de sus preceptos. De nuevo el TC, en la STC de 11-7-2001, matizó ese carácter básico declarando la inconstitucionalidad de dos artículos (uno de ellos en parte) y una interpretación limitadora en otros preceptos.

Como indica en su exposición de motivos, tras la entrada en vigor de la Ley 6/1998, el legislador autonómico aprobó la Ley 9/2001, de 17 julio, por la que "consciente de la urgente necesidad de resolver el problema de la dispersión legislativa actualmente existente, afronta el reto de regular el marco jurídico del ordenamiento urbanístico" .

A partir del 1 de julio de 2007, la situación cambia de forma sustancial. El Estado, tratando de ajustarse a la doctrina contenida en las SSTC 61/1997 y 164/2001, deroga la Ley 6/1998, de 13 de abril , sobre régimen del suelo y valoraciones, y aprueba la Ley 8/2007, de 28 mayo, de suelo, vigente desde el día 1 de julio de 2007. Esta nueva Ley estatal supuso una renovación profunda al prescindir de técnicas específicamente urbanísticas (incluidas clases de suelo) y evitar tecnicismos, tratando de respetar las competencias exclusivas de las Comunidades Autónomas. En este sentido, su regulación basó su título competencial en la regulación de "condiciones básicas de la igualdad en el ejercicio de los derechos y el cumplimiento de los correspondientes deberes constitucionales", "la planificación general de la actividad económica", "protección del medio ambiente", así como "defensa, legislación civil, expropiación forzosa y sistema de responsabilidad de las Administraciones Públicas".

En cumplimiento de la Disposición. final segunda de la citada Ley 8/2007, de 28 de mayo, que delegó en el Gobierno la potestad de dictar un Real Decreto Legislativo que refundiera el texto de ésta y los preceptos que aún quedaban vigentes del Real Decreto Legislativo 1/1992, de 26 de junio, por el que se aprobó el Texto Refundido de la Ley sobre Régimen del Suelo y Ordenación Urbana, se aprueba el Texto Refundido de la Ley de Suelo, mediante el Real Decreto Legislativo 2/2008, de 20 de junio .

Por consiguiente, la normativa aplicable en la Comunidad Autónoma de Madrid, en materia de ordenación del territorio y urbanismo, puede ser sistematizada de forma esquemática así:

- Real Decreto Legislativo 2/2008, de 20 de junio por el que se aprueba el Texto Refundido de la Ley de Suelo, en los términos que resultan de su Disposición final primera
- Ley 9/2001, de 17 julio ; los apartados aún vigentes de la Ley 9/1995, de 28 marzo, y diversos reglamentos y normas de desarrollo.
- Legislación estatal supletoria preconstitucional, que, pueda ser de aplicación supletoria (art. 149.3 in fine de la CE); especialmente el texto refundido de la ley sobre régimen del suelo y ordenación urbana, aprobado por el Real Decreto Legislativo 1346/1976, de 9 de abril.

NORMATIVA APLICABLE DEL ESTADO

Un breve estudio de las diferentes normas o disposiciones que sobre la materia objeto de estudio han tenido relevancia en nuestro ordenamiento jurídico nos hace diferenciar un primer período, anterior a la aprobación de la Constitución Española. En este primer período procede destacar la Ley del Suelo de 1956 (primera norma que reguló el urbanismo concibiéndolo una «función pública») y el RD 1346/1976, de 9 abril, que aprobó el Texto Refundido de la Ley del Régimen del Suelo y Urbanismo [que supuso la refundición de la Ley 19/1975, de 2 mayo , y de aquellos preceptos todavía vigentes de la Ley del Suelo de 1956].

La aprobación y entrada en vigor de la Constitución supuso un evidente cambio en la totalidad del ordenamiento jurídico vigente y, consecuentemente, también en el urbanismo. La nueva consideración organizativa del Estado (división en municipios, provincias y comunidades autónomas) exigió la determinación de las competencias atribuibles a cada uno de estos nuevos «entes». De tal forma, en materia urbanística, resulta de interés el reparto de competencias entre el Estado y las Comunidades Autónomas. En concreto, según se desprende del art. 149 CE, son competencia exclusiva del Estado: a) la regulación de las condiciones básicas que garanticen la igualdad de todos los españoles en el ejercicio de los derechos y el cumplimiento de los deberes constitucionales (art. 149.1.1ª CE); b) las bases y la coordinación de la planificación general de la actividad económica (art. 149.1.13ª CE) y a parte, la legislación sobre expropiación forzosa, el régimen de valoraciones y de responsabilidad de las administraciones públicas (art. 149.1.18ª CE). Según lo dispuesto por el art. 148.1.3ª de la Constitución Española, las Comunidades Autónomas tienen atribuida en exclusiva la competencia en materia de «ordenación del territorio» y «urbanismo y vivienda».

Con posterioridad a la entrada en vigor de la CE, el legislador estatal aprobó el RDLeg 1/1992, de 26 junio , por el que se aprueba el texto refundido de la Ley sobre régimen del suelo y ordenación urbana, y que constituía una refundición del Texto Refundido de 1976 y de la Ley 8/1990, de 25 julio , por la que se procede a la reforma del régimen urbanístico y de valoraciones del suelo. Sin embargo, en base a la vulneración del reparto competencial anteriormente descrito, la STC 61/1997 declaró la inconstitucionalidad de casi la totalidad del Texto Refundido.

Simultáneamente, las diferentes Comunidades Autónomas fueron aprobando su respectivas normas reguladoras en la materia y, con carácter supletorio, se reconoce la vigencia del Texto Refundido de 1976, que al ser preconstitucional no queda afectado por inconstitucionalidad sobrevenida.

Finalmente, el Estado, con base en las competencias exclusivas reconocidas por el art. 149.1.1ª, 13ª y 18ª de la CE, procede a la aprobación de la Ley 6/1998, de 13 abril , sobre régimen del suelo y valoraciones (modificada posteriormente por la Ley 10/2003, de 20 de mayo). Algunos preceptos de dicha norma, examinada su constitucionalidad por el TC, fueron declarados inconstitucionales y nulos por la STC núm. 164/2001, de 11 julio .

Con fecha 1 de julio 2007 entra en vigor la Ley 8/2007, de 28 de mayo, que deroga la Ley 6/1998, disponiendo un nuevo régimen normativo a considerar.

La Disposición. final segunda de la citada Ley 8/2007, de 28 de mayo, delegó en el Gobierno la potestad de dictar un Real Decreto Legislativo que refundiera el texto de ésta y los preceptos que aún quedaban vigentes del Real Decreto Legislativo 1/1992, de 26 de junio, por el que se aprobó el Texto Refundido de la Ley sobre Régimen del Suelo y Ordenación Urbana. El plazo para la realización de dicho texto era de un año, a contar desde la entrada en vigor de aquélla.

Dicha tarea refundidora se lleva a cabo mediante Real Decreto Legislativo 2/2008, de 20 de junio , por el que se aprueba el texto refundido de la Ley de suelo. Este texto legal, tal y como indica en su exposición de motivos, se plantea básicamente dos objetivos: de un lado aclarar, regularizar y armonizar la terminología y el contenido dispositivo de ambos textos legales, y de otro, estructurar y ordenar en una única disposición general una serie de preceptos dispersos y de diferente naturaleza, procedentes del fragmentado Texto Refundido de 1992, dentro de los nuevos contenidos de la Ley de Suelo de 2007, adaptados a las competencias urbanísticas, de ordenación del territorio y de vivienda de las Comunidades Autónomas.

En la actualidad, por consiguiente, la normativa estatal aplicable en materia de ordenación del territorio y urbanismo puede ser sistematizada de forma esquemática así:

- Ley 8/2013 de 26 de junio, de rehabilitación, regeneración y renovación urbana.
- Real Decreto Legislativo 2/2008, de 20 de junio , por el que se aprueba el texto refundido de la ley de suelo.
- Texto Refundido de 1976 y normas de desarrollo preconstitucionales, que con carácter supletorio rige en las Comunidades Autónomas que no hayan regulado la materia., en la parte que subsiste.
- Real Decreto 1093/1997, de normas complementarias al reglamento hipotecario en materia de urbanismo.
- Real Decreto 2159/1978 de 23 de junio, por el que se aprueba el Reglamento de Planeamiento Urbanístico.
- Real Decreto 3288/1978 de 25 de agosto, por el que se aprueba el Reglamento de Gestión Urbanística.
- Real Decreto 2187/1978 de 23 de junio, por el que se aprueba el Reglamento de Disciplina Urbanística.

TEMA III. LEY DE SUELO DEL ESTADO 2/2008

1. INTRODUCCIÓN

La Disposición final segunda de la Ley 8/2007, de 28 de mayo , de Suelo, delegó en el Gobierno la potestad de dictar un Real Decreto Legislativo que refundiera el texto de ésta y los preceptos que aún quedaban vigentes del Real Decreto Legislativo 1/1992, de 26 de junio , por el que se aprobó el Texto Refundido de la Ley sobre Régimen del Suelo y Ordenación Urbana. El plazo para la realización de dicho texto era de un año, a contar desde la entrada en vigor de aquélla.

Dicha tarea refundidora, que se afronta por medio del Real Decreto Legislativo 2/2008, de 20 junio, se plantea básicamente dos objetivos: de un lado aclarar, regularizar y armonizar la terminología y el contenido dispositivo de ambos textos legales, y de otro, estructurar y ordenar en una única disposición general una serie de preceptos dispersos y de diferente naturaleza, procedentes del fragmentado Texto Refundido de 1992, dentro de los nuevos contenidos de la Ley de Suelo de 2007, adaptados a las competencias urbanísticas, de ordenación del territorio y de vivienda de las Comunidades Autónomas. De este modo, el objetivo final se centra en evitar la dispersión de tales normas y el fraccionamiento de las disposiciones que recogen la legislación estatal en la materia, excepción hecha de la parte vigente del Real Decreto Legislativo 1346/1976, de 9 de abril , por el que se aprueba el Texto Refundido de la Ley sobre Régimen del Suelo y Ordenación Urbana, que tiene una aplicación supletoria salvo en los territorios de las Ciudades de Ceuta y Melilla y, en consecuencia, ha quedado fuera de la delegación legislativa por cuya virtud se dicta este Real Decreto Legislativo.

Como recuerda la Exposición de Motivos de la Ley 8/2007, de 28 de mayo, de Suelo En los últimos años, el Estado ha legislado de una manera un tanto accidentada, en parte forzado por las circunstancias, pues lo ha hecho a caballo de sucesivos fallos constitucionales. Así, desde que en 1992 se promulgara el último Texto Refundido Estatal de la Ley sobre Régimen de Suelo y Ordenación Urbana, se han sucedido **seis reformas** o innovaciones de diverso calado, además de las **dos operaciones de lo que se ha venido a llamar, «legislación negativa» en sendas Sentencias Constitucionales**, las número 61/1997 y 164/2001. No puede decirse que tan atropellada evolución –ocho innovaciones en doce años– constituya el marco idóneo en el que las Comunidades Autónomas han de ejercer sus propias competencias legislativas sobre ordenación del territorio, urbanismo y vivienda.

En primer lugar, esta situación ha llevado a la necesidad de una renovación profunda plenamente inspirada en los valores y principios constitucionales, sobre los que siente unas bases comunes en las que la **autonomía** pueda coexistir con la **igualdad**. Para ello, se **prescinde por primera vez de regular técnicas específicamente urbanísticas, tales como los tipos de planes o las clases de suelo**, e incluso evita el uso de los tecnicismos propios de ellas que pudiera crear indirectamente un modelo urbanístico. **No es ésta una Ley urbanística, sino una Ley referida al régimen del suelo y la igualdad en el ejercicio de los derechos constitucionales a él asociados en lo que atañe a los intereses cuya gestión está constitucionalmente encomendada al Estado**.

Con independencia de las ventajas que pueda tener la técnica de la **clasificación y categorización** del suelo por el planeamiento, lo cierto es que es una **técnica urbanística**, tal y como se afirma en la exposición de motivos de la ley 8/2007, por lo que no le corresponde a este legislador juzgar su oportunidad. Además, no es necesaria para fijar los criterios legales de valoración del suelo. Más aún, cuando la clasificación ha **contribuido históricamente a la inflación de los valores del suelo**, incorporando expectativas de revalorización mucho antes de que se realizaran las operaciones necesarias para materializar las determinaciones urbanísticas de los poderes públicos y, por ende, ha fomentado también las **prácticas especulativas**, contra las que debemos luchar por imperativo constitucional.

En segundo lugar, esta Ley abandona la manera **simplista** en que, hasta ahora, el legislador estatal venía abordando el estatuto de los derechos subjetivos afectados por el urbanismo, **identificando tales derechos y deberes constitucionales con los de la propiedad**. Pero, esta ley más allá de regular las condiciones básicas de la igualdad de la propiedad de los terrenos, pretende explicar que la ciudad es el medio en el que se desenvuelve la vida cívica, y por ende que deben reconocerse asimismo los derechos mínimos de libertad, de participación y de prestación de los ciudadanos en relación con el urbanismo y con su medio tanto rural como urbano.

En tercer y último lugar, la del urbanismo español contemporáneo es una historia desarrollista, volcada sobre todo en la creación de nueva ciudad. Sin duda, el crecimiento urbano sigue siendo necesario, pero hoy parece asimismo claro que el urbanismo debe responder a los requerimientos de un **desarrollo sostenible**, minimizando el impacto de aquel crecimiento y apostando por la regeneración de la ciudad existente. La Unión Europea insiste claramente en ello, por ejemplo en la **Estrategia Territorial Europea** o en la más reciente Comunicación de la **Comisión sobre una Estrategia Temática para el Medio Ambiente Urbano**, para lo que propone un modelo de ciudad compacta y advierte de los graves inconvenientes de la urbanización dispersa o desordenada: impacto ambiental, segregación social e ineficiencia económica por los elevados costes energéticos, de construcción y mantenimiento de infraestructuras y de prestación de los servicios públicos.

El **suelo**, además de un recurso **económico**, es también un **recurso natural, escaso y no renovable**. Desde esta perspectiva, todo el **suelo rural tiene un valor ambiental** digno de ser ponderado y la liberalización del suelo no puede fundarse en una clasificación indiscriminada, sino, supuesta una clasificación responsable del **suelo urbanizable** necesario para atender las **necesidades económicas y sociales** y en el arbitrio de **medidas efectivas contra las prácticas especulativas, obstructivas y retenedoras de suelo**, de manera que el suelo con destino urbano se ponga en uso ágil y efectivamente. Y el **suelo urbano** tiene asimismo un valor ambiental, como creación cultural colectiva que es objeto de una permanente recreación, por lo que sus características deben ser expresión de su naturaleza y su ordenación debe favorecer su rehabilitación y fomentar su uso.

2. CONDICIONES BÁSICAS DE LA IGUALDAD EN LOS DERECHOS Y DEBERES CONSTITUCIONALES DE LOS CIUDADANOS

Con este objeto, se definen tres estatutos subjetivos básicos que cabe percibir como tres círculos concéntricos, en los términos redactados por la Ley 8/2007 y ahora por el TRLS 2/2008:

Primero, el de la **ciudadanía** en general en relación con el suelo y la vivienda, que incluye derechos y deberes de orden socio-económico y medioambiental de toda persona con independencia de cuáles sean su actividad o su patrimonio, es decir, en el entendimiento de la ciudadanía como un estatuto de la persona que asegure su disfrute en libertad del medio en el que vive, su participación en la organización de dicho medio y su acceso igualitario a las dotaciones, servicios y espacios colectivos que demandan la calidad y cohesión del mismo.

DERECHOS Art. 4 LS 2/2008	Derecho a disfrutar de una vivienda digna, adecuada y accesible Acceder a la utilización de las dotaciones públicas y los equipamientos. Derecho a la información urbanística. Participación en la elaboración y de los instrumentos de OT y Urbanísticos. Ejercer la Acción Publica.
DEBERES Art. 5 LS 2/2008	Respetar y contribuir a preservar el medio ambiente. Respetar y hacer uso racional y adecuado de los bienes de dominio publico, de las infraestructuras y los servicios urbanos. No perturbar ni lesionar los bienes de terceros

Segundo, el régimen de la **iniciativa privada** para la actividad urbanística, que por el legislador se considera que es una actividad económica de interés general, que afecta tanto al derecho de la propiedad como a la libertad de empresa. En este sentido, si bien la edificación tiene lugar sobre una finca y accede a su propiedad **–derecho del propietario–** la urbanización es un servicio público, cuya gestión puede reservarse la Administración o encomendar a privados, y que suele afectar a una pluralidad de fincas, por lo que excede tanto lógica como físicamente de los límites propios de la propiedad. Luego, allí donde se confíe su ejecución a la iniciativa privada, ha de poder ser abierta a la competencia de terceros **no propietarios**, lo que está llamado además a redundar en la agilidad y eficiencia de la actuación (Art. 6 LS 2/2008).

Destaca la introducción por parte de la Ley de 2008 de un nuevo apartado c) en este Artículo - respecto de su equivalente en la anterior Ley 8/2007 - que garantiza el ejercicio de los derechos relativos a la iniciativa de los particulares, en el sentido de configurar la posibilidad de éstos de obtener por parte de los Organismos Públicos los **elementos informativos** necesarios para redactar los instrumentos de ordenación, así como a efectuar en fincas particulares las **ocupaciones necesarias** para la redacción del instrumento con arreglo a la Ley de Expropiación Forzosa.

Tercero, el **estatuto de la propiedad del suelo**, definido como una combinación de facultades y deberes, entre los que ya no se cuenta el de urbanizar por las razones antes expuestas, aunque sí el de participar en la actuación urbanizadora de iniciativa privada en un régimen de distribución equitativa de beneficios y cargas. Tampoco integra el contenido del derecho de propiedad la previsión de edificabilidad de la ordenación territorial y urbanística, sino más bien su materialización efectiva que patrimonializa dicha edificabilidad (Art. 7,8 y 9 de TRLS 2/2008)

Destaca la modificación operada por la Ley de 2008 en el apartado 1 del Artículo 9 - respecto de su equivalente en la anterior Ley 8/2007 -, en el sentido de **extender los derechos y deberes** de los propietarios no sólo al suelo, sino también a las instalaciones, construcciones y edificaciones, añadiéndose la obligación por parte de la Administración de costear las obras por ella ordenadas para obtener mejoras de interés general, por motivos turísticos o culturales, que excedan el límite de aquéllas que deban ejecutarse por los propietarios.

Así, podemos concluir de forma taxativa, que el derecho de propiedad del suelo es un derecho estatutario y que queda definido por la vinculación del suelo a los diferentes destinos, en los términos dispuestos por la legislación sobre ordenación territorial y urbanismo.

Las facultades básicas del derecho de propiedad son el uso, disfrute y explotación del suelo, así como la facultad de disposición, todo ello con las limitaciones legalmente previstas.

3. BASES DEL RÉGIMEN DEL SUELO

Debemos destacar en primer lugar, los derechos de las personas y que son los **deberes básicos de las Administraciones** con que la Ley estatal abre su Título II en los artículos 10 y 11.

Los procedimientos de aprobación de instrumentos de ordenación y de ejecución urbanísticas tienen una trascendencia capital, que desborda con mucho el plano estrictamente sectorial, por su incidencia en el crecimiento económico, en la protección del medio ambiente y en la calidad de vida. Por ello, la Ley asegura unos estándares mínimos de **transparencia** (que obviamente están supeditados por su carácter especializado y a la establecido en la Ley 19/ 2013, de 9 de diciembre de trasparencia, acceso a la información pública y buen gobierno), de **participación ciudadana** real y no meramente formal, y de **evaluación** y seguimiento de los efectos que tienen los planes sobre la **economía y el medio ambiente**. La efectividad de estos estándares exige que las actuaciones urbanizadoras de mayor envergadura e impacto, que producen una mutación radical del modelo territorial, se sometan a un nuevo ejercicio pleno de potestad de ordenación. Además, la Ley hace un tratamiento innovador de este proceso de evaluación y seguimiento, con el objeto de integrar en él la consideración de los recursos e infraestructuras más importantes. Esta integración favorecerá, a un tiempo, la utilidad de los procesos de que se trata y la celeridad de los procedimientos en los que se insertan.

Mención aparte merece la **reserva de suelo residencial para la vivienda protegida**, que será como mínimo conforme a la legislación estatal, los terrenos necesarios para realizar el 30% de la edificabilidad residencial prevista, porque, como ya se ha recordado, es la propia Constitución la que vincula la ordenación de los usos del suelo con la efectividad del derecho a la vivienda. A la vista de la senda extraordinariamente prolongada e intensa de expansión de nuestros mercados inmobiliarios, y en particular del residencial, parece hoy razonable encajar en el concepto material de las bases de la ordenación de la economía la garantía de una oferta mínima de suelo para vivienda asequible, por su incidencia directa sobre dichos mercados y su relevancia para las políticas de suelo y vivienda, sin que ello obste para que pueda ser adaptada por la legislación de las Comunidades Autónomas a su modelo urbanístico y sus diversas necesidades.

Son de destacar las modificaciones operadas por el TRLS de 2008 en estos preceptos.

Así, respecto del primitivo Artículo 10, la indicada Ley 2/2008 ha añadido dos nuevos apartados 2) y 3), en el sentido de asegurar que las **construcciones se adapten** y respeten el entorno en el que han de enclavarse, determinándose la **nulidad** de pleno derecho de cualquier acto administrativo que infrinja lo dispuesto en los instrumentos de ordenación territorial respecto de zonas verdes o espacios libres, previendo la posibilidad de suspender los actos que contravinieran estas disposiciones, así como la posibilidad de **paralizar** cautelarmente las obras que se encontraran en curso, o incluso llegar a la **revisión de oficio** de las mismas, para el caso de que estuvieran terminadas, todo ello para garantizar el efectivo y real cumplimiento de las obligaciones contenidas en el precepto.

Ya en relación con el antiguo Artículo 11, se añade un nuevo apartado 2, pasando a su vez el apartado 2) a ser el 3), y así sucesivamente, añadiéndose también un apartado 7.

El citado apartado 2) introduce la necesidad de que los acuerdos de aprobación definitiva de los instrumentos de ordenación territorial y urbanística se publiquen en el correspondiente boletín oficial, de manera que se de efectivo cumplimiento al trámite de información pública, posibilitando el conocimiento a los ciudadanos de un acto que se considera trascendente, en una materia en la que cualquier interesado debe tener puntual conocimiento de los instrumentos aprobados, en aras a ejercitar las acciones que en Derecho pudieren asistirles (formulación de alegaciones, etc...).

Por su parte, el nuevo apartado 7) determina la necesidad de dar **audiencia a las Administraciones Públicas** cuyas competencias pudiesen resultar afectadas en la tramitación de los instrumentos de ordenación territorial y urbanística; cuestión lógica por las determinaciones de los arts. 105 de la CE y 84 de la Ley de Régimen Jurídico de las Administraciones Públicas y del Procedimiento Administrativo Común (en adelante LRJAPC).

En segundo lugar, en lo que se refiere al régimen urbanístico del suelo, la Ley opta por diferenciar **situación y actividad**, **estado y proceso**:

Respecto de la **situación** del suelo el Art. 12 define los dos estados básicos en que puede encontrarse el suelo según sea su situación actual rural o urbana, estados que agotan el objeto de la ordenación del uso asimismo actual del suelo y son por ello los determinantes para el contenido del derecho de propiedad, otorgando así carácter estatutario al régimen de éste.

Suelo en situación **Rural:**

1. El preservado por la ordenación territorial y urbanística de su transformación.
2. El suelo para el que los instrumentos de ordenación territorial y urbanística prevean o permitan su paso a la situación de suelo urbanizado, hasta que se termine la correspondiente actuación de urbanización.

Suelo en situación **Urbanizada**: Parcelas estén o no edificadas, que cuentan con las dotaciones y los servicios requeridos por la legislación o puedan llegar a contar con ellos sin otras obras que las de conexión de las parcelas a las instalaciones ya en funcionamiento.

En cuanto a la **Actividad, estado y proceso**, sienta el régimen de las actuaciones urbanísticas de transformación del suelo, que son las que generan las plusvalías en las que debe participar la comunidad por exigencia de la Constitución. La Ley establece, conforme a la doctrina constitucional, la horquilla en la que puede moverse la fijación de dicha participación. Lo hace posibilitando una mayor y más flexible adecuación a la realidad y, en particular, al rendimiento neto de la actuación de que se trate o del ámbito de referencia en que se inserte, aspecto éste que anteriormente no era tenido en cuenta.

Actuaciones de transformación urbanística (Art.14 TRLS):

1. Actuaciones de **urbanización**

a. Nueva urbanización
b. Reforma o renovación de suelo urbanizado

2. Actuaciones de **dotación** (incremento de dotaciones públicas) en suelo urbanizado para reajustar su proporción con la mayor edificabilidad o densidad o con los nuevos usos)

Cabe destacar una de las modificaciones que mediáticamente más sorprendieran, en lo que se refiere a los deberes de la promoción de las actuaciones de transformación urbanísticas, al hablar de la **cesión del suelo sustentante de un porcentaje de la edificabilidad del ámbito o sector**. La legislación anterior había mantenido como barrera infranqueable el 10%, pero ya la ley 8/2007 aumentaba este porcentaje en una horquilla de entre el 5 % y hasta el **15%**, pudiendo alcanzar motivadamente hasta el 20 %, extremos que no han sido objeto de modificación por el actual TRLS 2/2008.

En atención a lo expuesto, podemos sintetizar los deberes de las actuaciones de transformación urbanística (por nueva urbanización pasando de suelo de situación rural a urbanizado o por reforma o renovación de suelo urbanizado) en los siguientes (art. 16.1 del TRLS/2008):

a) Entregar a la Administración el suelo reservado para viales, espacios libres, zonas verdes y dotaciones públicas incluidas en la actuación o adscritas a ella para su obtención.

Debe reseñarse el carácter taxativo de las cesiones, no pudiendo exigirse cesiones que no estén previstas en ley (tal y como determinó la STS de 19 de febrero 1991). Asimismo, es importante resaltar que las dotaciones o destinos previstos y objeto de cesión, deben estar incluidas o adscritas para su obtención al ámbito de actuaciones, ya que de no ser así devendrán improcedentes y en esa línea, STS de 28 de noviembre de 1990.

En el supuesto de actuaciones de dotación, el legislador prevé la posibilidad de que la legislación autonómica sustituya la cesión por otras figuras o formulas.

b) Entregar a la Administración el suelo libre de cargas de urbanización que corresponda al porcentaje de la edificabilidad media ponderada de la actuación, o del ámbito superior en el que se incluya, previsto por la legislación autonómica (entre un 5 y un 15%, excepcionalmente un 20%, como hemos comentado con anterioridad).

4. VALORACIONES

El Título III del TRLS 2/2008, de 20 de junio, de suelo, aborda los criterios de valoración del suelo y las construcciones y edificaciones, a efectos reparcelatorios (reparto de beneficios y cargas), expropiatorios (expropiación forzosa, venta o sustitución forzosa) y de responsabilidad patrimonial de las Administraciones Públicas.

Desde la primera Ley de 1956, la legislación del suelo ha establecido ininterrumpidamente un régimen de valoraciones especial que desplaza la aplicación de los criterios generales de la Ley de Expropiación Forzosa de 1954. Este sistema recurría a criterios que han tenido sin excepción un denominador común: **el de valorar el suelo a partir de cuál fuera su clasificación y categorización urbanísticas; esto es, partiendo de cuál fuera su destino y no su situación real**. Unas veces se ha pretendido con ello aproximar las valoraciones al mercado, presumiendo que en el mercado del suelo no se producen fallos ni tensiones especulativas, contra las que los poderes públicos deben luchar por imperativo constitucional. Sin embargo, se llegaba así a la paradoja de pretender que el valor real no consistía en tasar la realidad, sino también las meras expectativas generadas por la acción de los poderes públicos. Y aun en las ocasiones en que con los criterios mencionados se pretendía contener los justiprecios, se contribuyó más bien a todo lo contrario y, lo que es más importante, a enterrar el viejo principio de justicia y de sentido común contenido en el artículo 36 de la vieja pero todavía vigente Ley de Expropiación Forzosa, es decir, que las tasaciones expropiatorias no han de tener en cuenta las plusvalías que sean consecuencia directa del plano o proyecto de obras que dan lugar a la expropiación ni las previsibles para el futuro.

Para facilitar su aplicación y garantizar la necesaria seguridad del tráfico, la recomposición de este panorama debe buscar la sencillez y la claridad, además por supuesto de la justicia. Y es la propia Constitución la que extrae expresamente del valor de la justicia un mandato dirigido a los poderes públicos para impedir la especulación. Ello es perfectamente posible desvinculando clasificación y valoración. **Debe valorarse lo que hay, no lo que el plan dice que puede llegar a haber en un futuro incierto**, máxime tras el baño de realidad que la crisis inmobiliaria de 2007 a 2013 ha generado.

Con independencia de las clases y categorías urbanísticas de suelo, se parte en la Ley de las dos situaciones básicas ya mencionadas: hay un suelo rural, esto es, aquél que no está funcionalmente integrado en la trama urbana, y otro urbanizado, entendiendo por tal el que ha sido efectiva y adecuadamente transformado por la urbanización. Ambos se valoran conforme a su naturaleza, siendo así que sólo en el segundo dicha naturaleza integra su destino urbanístico, porque dicho destino ya se ha hecho realidad. Desde esta perspectiva, los criterios de valoración establecidos persiguen determinar con la necesaria objetividad y seguridad jurídica el valor de sustitución del inmueble en el mercado por otro similar en su misma situación.

En el **suelo rural**, se abandona el modelo de la Ley 6/1998 conocido como **método de comparación** porque muy pocas veces concurren los requisitos necesarios para asegurar su objetividad y la eliminación de elementos especulativos, para lo que se adopta el método asimismo habitual de **capitalización de rentas** pero sin olvidar que, sin considerar las expectativas urbanísticas, la **localización** influye en el valor de este suelo, siendo la renta de posición un factor relevante en la formación tradicional del precio de la tierra. De ese modo el Art. 23.1.a) *"...podrá ser corregido al alza hasta un máximo del doble en función de factores objetivos de localización, como la accesibilidad a núcleos de población o a centros de actividad económica o la ubicación en entornos de singular valor ambiental o paisajístico"*

En el **suelo urbanizado**, en todo caso y con independencia del valor del suelo, cuando éste está sometido a una transformación urbanizadora o edificatoria, se indemnizan los **gastos e inversiones** acometidos junto con una prima razonable que retribuya el riesgo asumido y se evitan saltos valorativos difícilmente entendibles en el curso del proceso de ordenación y ejecución urbanísticas.

El valor que el TRLS/2008, prevé para el suelo lo es considerando que el mismo está libre de toda carga, gravamen u otros derechos limitativos de la propiedad. Es decir, en su caso, el valor del suelo que resulte habrá de quedar minorado si éste está gravado con cargas u otras limitaciones de la propiedad (derechos de superficie, usufructos, etc...).

La ley en su Art. 24 hace dos distinciones en atención a si el suelo está o no edificado:

No edificado: Su valor se calculara por el valor de repercusión del suelo respecto de la potencial edificabilidad y uso atribuidos por el ordenamiento a esa parcela. Método residual estático.

Edificado: Se le atribuirá el mayor valor de los calculados:

1. El determinado por la tasación conjunta de suelo y edificabilidad por el método de comparación.
2. El determinado por el método residual aplicado sólo al suelo, sin considerar la edificación existente.

En los casos en los que una decisión administrativa impide participar en la ejecución de una actuación de urbanización, o altera las condiciones de ésta, sin que medie incumplimiento por parte de los propietarios, se valora la privación de dicha facultad en sí misma, lo que contribuye a un tratamiento más ponderado de la situación en la que se encuentran aquéllos (Art. 25 TRLS 2/2008).

Es importante apuntar que la competencia para la fijación de los criterios de valoración del suelo es exclusiva del Estado, tal y como fijo en este sentido, la STC 61/1997, de 20 de marzo.

CONCLUSIÓN

En definitiva, estamos ante un régimen que, sin valorar expectativas generadas exclusivamente por la actividad administrativa de ordenación de los usos del suelo, retribuye e incentiva la actividad urbanizadora o edificatoria emprendida en cumplimiento de aquélla y de la función social de la propiedad.

5. EXPROPIACIÓN FORZOSA Y RESPONSABILIDAD PATRIMONIAL

El Título IV del TRLS 2/2008, se ocupa de las instituciones de garantía de la integridad patrimonial de la propiedad: la expropiación forzosa y la responsabilidad patrimonial.

En materia de **expropiación forzosa**, se recogen sustancialmente las mismas reglas que ya contenía la Ley sobre Régimen del Suelo y Valoraciones:

- La aprobación de los instrumentos de la ordenación territorial y urbanística que habiliten la ejecución mediante expropiación, conllevará la **declaración de utilidad pública y la necesidad de ocupación** de los bienes y derechos correspondientes.

- Que el justiprecio, previo acuerdo con el expropiado podrá satisfacerse en **especie**.

- El Acta de ocupación será **titulo inscribible**.

En materia **de Reversión y de responsabilidad patrimonial**, los supuestos de una y otra se adaptan a la concepción del TRLS sobre los patrimonios públicos de suelo y las actuaciones urbanizadoras, respectivamente, manteniéndose en lo demás también los criterios de la Ley anterior.

Procede la reversión si se **alterara el uso** que motivó la expropiación de suelo en virtud de modificación o revisión del instrumento de ordenación territorial y urbanística, salvo que concurra alguna de las siguientes excepciones:

> *"Articulo 34.1 [..].*
>
> *a) Que el uso dotacional público que hubiera motivado la expropiación hubiera sido efectivamente implantado y mantenido durante ocho años, o bien que el nuevo uso asignado al suelo sea igualmente dotacional público.*
>
> *b) Haberse producido la expropiación para la formación o ampliación de un patrimonio público de suelo, siempre que el nuevo uso sea compatible con los fines de éste.*
>
> *c) Haberse producido la expropiación para la ejecución de una actuación de urbanización.*
>
> *d) Haberse producido la expropiación por incumplimiento de los deberes o no levantamiento de las cargas propias del régimen aplicable al suelo conforme a esta Ley.*
>
> *e) Cualquiera de los restantes supuestos en que no proceda la reversión de acuerdo con la Ley de Expropiación Forzosa".*

En los casos en que el suelo haya sido expropiado para ejecutar una actuación de urbanización procede la reversión, cuando hayan transcurrido **diez años desde la expropiación sin que la urbanización se haya concluido.**

No procede la reversión cuando del suelo expropiado se **segreguen su vuelo o subsuelo**, siempre que se mantenga el uso dotacional público para el que fue expropiado o concurra alguna de las restantes circunstancias señaladas anteriormente.

Se introduce, además, un **Derecho a la Retasación** cuando una modificación de la ordenación aumente el valor de los terrenos expropiados para ejecutar una actuación urbanizadora, de forma que se salvaguarde la integridad de la garantía indemnizatoria sin empeñar la eficacia de la gestión pública urbanizadora.

6. FUNCIÓN SOCIAL DE LA PROPIEDAD Y GESTIÓN DEL SUELO

Es de sobra conocida la existencia de prácticas de retención y gestión especulativas de suelos que obstruyen el cumplimiento de su función y, en particular, el acceso de los ciudadanos a la vivienda.

Por este motivo el penúltimo Título de la Ley contiene diversas medidas de garantía del cumplimiento de la función social de la propiedad inmobiliaria.

1. **Responsabilidad patrimonial** de la administración por el incumplimiento de los plazos máximos en los procedimientos de ordenación urbanística.
2. Sustituir forzosamente al propietario incumplidor de los plazos de ejecución, mediante la **Venta o sustitución forzosas**.
3. Rigor en la determinación de los destinos de los patrimonios públicos de suelo o las medidas arbitradas para asegurar que se cumple ese destino aun

cuando se enajenen los bienes integrantes de los patrimonios públicos de suelo.

El contenido del Título se cierra con una regulación del régimen del **derecho de superficie** dirigida a superar la deficiente situación normativa actual de este derecho y favorecer su operatividad para facilitar el acceso de los ciudadanos a la vivienda y, con carácter general, diversificar y dinamizar las ofertas en el mercado inmobiliario.

En este sentido, el articulo 40 expone que el derecho de superficie atribuye al superficiario la facultad de realizar o ser poseedor de edificaciones en finca ajena, manteniendo la propiedad temporal de la misma.

7. RÉGIMEN JURÍDICO

El título VI del TRLS de 2008 supone una **novedad** respecto del texto legal anterior, por lo que consideramos conveniente hacer un breve comentario respecto de cada uno de los Capítulos que lo integran.

Como reconoce la propia Exposición de Motivos de la Ley, este Título contiene una serie de preceptos que se encontraban fragmentados en el Real Decreto Legislativo 1/1992, de 26 de junio, por el que se aprobó el Texto Refundido de la Ley sobre Régimen del Suelo y Ordenación Urbana, y que se pretende agrupar bajo la denominación de «Régimen Jurídico». En él se contienen las actuaciones con el **Ministerio Fiscal** a consecuencia de infracciones urbanísticas o contra la ordenación del territorio, las peticiones, actos y acuerdos procedentes en dichos ámbitos, las posibles acciones y recursos pertinentes y las normas atinentes al Registro de la Propiedad.

Su Capítulo I, compuesto por un único Artículo, el 42, impone la **obligación** a las administraciones públicas de poner en conocimiento del Ministerio Fiscal los hechos y principios probatorios que constituyan indicios de la existencia de un delito o falta, cuando tales indicios se desprendan de la tramitación de expedientes administrativos instruidos por infracciones urbanísticas.

En ese momento, deberá abstenerse la Administración de proseguir el procedimiento sancionador mientras la autoridad judicial no se haya pronunciado acerca de las posibles responsabilidades penales en que se hubiere podido incurrir. Es lo que se denomina "**prejudicialidad penal**".

En estos casos, la nueva ley dispone que la sanción penal excluirá la imposición de sanción administrativa por el mismo hecho (es decir, reconoce el principio básico que prohíbe la doble imposición de penas por un mismo hecho **–non bis in idem–** integrado en el Artículo 25.1 de nuestra Constitución, en cuanto *integrado en el derecho fundamental a la legalidad penal* con el que guarda íntima relación (SSTC 2/1981, 154/1990, 204/1996, 221/1997, entre otras), incluyendo sin perjuicio de la adopción de medidas de reposición a la situación anterior a la comisión de la infracción.

Su Capítulo II (Artículo 43), impone el deber a las Entidades locales y otras entidades con competencias urbanísticas de resolver sobre las peticiones que se les dirijan, lo que se conecta con la obligación impuesta con carácter genérico por el Art 42 de la Ley 30/1992 de 26 de noviembre de Régimen Jurídico de las Administraciones Públicas y del Procedimiento Administrativo Común que, en su párrafo primero, dispone que "*La Administración está* ***obligada a dictar resolución expresa*** *en todos los procedimientos y a notificarla cualquiera que sea su forma de iniciación.*"

El Artículo 45 por su parte, otorga la posibilidad a los Ayuntamientos de acudir al cauce de la ejecución forzosa y la vía de apremio para exigir el cumplimiento de sus deberes a los propietarios, individuales o asociados, y a los promotores. Es el caso que se prevé por ejemplo en la legislación autonómica de Castilla La Mancha, concretamente la Ley de 1/2003 de 17 de enero, que modifica a la Ley 2/1998, de 4 de junio, de ordenación del Territorio y la Actividad Urbanística (DOCM 27/01/2003) que, en su Artículo 199.2 d), para el supuesto de impago de las cuotas urbanísticas al agente urbanizador, dispone que *el impago de las cuotas dará lugar a su recaudación mediante apremio sobre la finca correspondiente por la Administración actuante y en beneficio del urbanizador.*

El Art 46 configura la posibilidad por parte de los Entes locales de revisar de oficio sus actos y acuerdos en materia de urbanismo, lo que entronca con las disposiciones de la Ley 30/1992 en esta materia, que se regula en los Artículos 102 y ss.

El Capítulo III, por su parte, se ocupa de regular, con carácter genérico, los recursos y acciones que caben en materia urbanística, destacando los siguientes extremos:

- Se reconoce carácter jurídico administrativo a todas las cuestiones que se suscitaren con ocasión o como consecuencia de los actos y convenios regulados en la legislación urbanística entre las Administraciones Públicas y los propietarios o promotores de actuaciones de transformación urbanística, lo que resulta relevante para el ejercicio de las acciones que en derecho pueda corresponder a dichos interesados, ya que al revestir las decisiones de la Administración en esta materia carácter jurídico, serán susceptibles de ser recurridas. (Artículo 47)
- Considerándose que en esta materia están en juego intereses generales, se reconoce la acción pública para exigir ante los órganos administrativos y los Tribunales Contencioso-Administrativos la observancia de la legislación y demás instrumentos de ordenación territorial y urbanística. (Artículo 48)

El legislador ha incluido la acción pública materia de urbanismo, posibilitando con ello un control objetivo de la legalidad de la actuación administrativa desde la perspectiva urbanística; a través de esta institución se objetiviza la legitimación activa para que una persona pueda ser **parte actora** ante los **Tribunales de lo Contencioso Administrativo**.

En este sentido y dado que la totalidad de los ciudadanos pueden verificar el incumplimiento de la legalidad urbanística, deberán tener acceso a la totalidad de los acuerdos-actos administrativos dictados en esta materia por las Administraciones Públicas según su ámbito competencial.

En definitiva el ejercicio de la acción pública precisa el conocimiento de las actuaciones (derecho de acceso a **la información-transparencia** en el actuar de la administración, como presupuestos básicos del control por los ciudadanos de las posibles prácticas de la corrupción en los estamentos administrativos).

La **proyección temporal** de la acción pública en esta materia se extiende a toda la vida de los Planes y a los actos dictados o no dictados en su ejecución y así por ejemplo en el supuesto de un expediente de licencia municipal de obras el término para accionar la acción pública no será cuando finalicen las obras sino cuando ha transcurrido los plazo previstos para la adopción de las medidas de protección de la legalidad urbanística.

Por su parte, los Artículos 49 y 50 regulan los casos en que puede acudirse a la jurisdicción ordinaria y a la contencioso administrativa respectivamente.

El Capítulo IV, por su parte, versa sobre la proyección registral de los actos y disposiciones en materia de urbanismo, los actos inscribibles y la remisión a la legislación hipotecaria general.

TEMA IV. RÉGIMEN URBANÍSTICO DEL SUELO. CLASIFICACIÓN

RÉGIMEN URBANÍSTICO DEL SUELO

CONTENIDO URBANÍSTICO DEL DERECHO DE PROPIEDAD	• Está delimitado por la **función social de la propiedad**. Es el conjunto de derecho y deberes, que resultan de la clasificación y la calificación del suelo. • La ordenación urbanística no confiere a los propietarios de terrenos, construcciones o instalaciones derecho alguno a **indemnización**, salvo por infracción del principio de prohibición de las vinculaciones singulares y en los supuestos legalmente establecidos. • Los derechos y deberes urbanísticos tienen carácter real, quedando el adquirente subrogado en el lugar del transmitente ya sea inter vivos o mortis causa.
DERECHOS Y DEBERES GENERALES DE LA PROPIEDAD DEL SUELO	**DERECHOS (Art. 11 LSCM)** Las facultades urbanísticas del derecho de propiedad se ejercerán dentro de los límites y con el cumplimiento de los deberes establecidos en las Leyes, y en el planeamiento urbanístico. Nos encontramos, por consiguiente, ante un **derecho de configuración legal**, tal característica ha sido recordada con frecuencia por el TS, advirtiendo éste que el mismo puede ser eliminado y/o modulado por el legislador en supuestos específicos (por todas, STS de 4-4-2000). **DEBERES (Art. 12 LSCM)** • a) Destinar el suelo al uso previsto por la ordenación urbanística. • b) Conservar y mantener el suelo natural y, en su caso, su masa vegetal en las condiciones precisas para minimizar riesgos de erosión o incendio, o que afecten a la seguridad o salud pública, o que puedan producir daños o perjuicios a terceros o al interés general, incluido el ambiental; comprensivo del deber de usar y explotar el suelo de forma que no se produzca contaminación indebida de la tierra, el agua y el aire, ni tengan lugar emisiones ilegítimas en bienes de terceros.

DERECHOS Y DEBERES GENERALES DE LA PROPIEDAD DEL SUELO

- c) Realizar las reforestaciones y los trabajos y obras de defensa del suelo y su vegetación que sean necesarios para mantener el equilibrio ecológico, minimizar los procesos erosivos, impedir la contaminación indebida del suelo y prevenir desastres naturales. En particular, proceder a la reposición de la vegetación en toda la superficie que la haya perdido como consecuencia de incendio, desastre natural o acción humana no debidamente autorizada, en la forma y condiciones prevenidas en la legislación correspondiente y en los planes y programas aprobados conforme a la misma.
- d) Respetar las limitaciones que deriven de la colindancia con bienes que tengan la condición de dominio público natural, en los que estén establecidos obras o servicios públicos o en cuyo vuelo o subsuelo existan recursos naturales sujetos a explotación regulada.
- e) Cumplir los planes y programas sectoriales aprobados conforme a la legislación administrativa reguladora de las actividades a que se refiere la letra c), así como los aprobados para la protección de los espacios naturales, la flora y la fauna.
- f) Permitir la realización por la Administración pública competente de los trabajos de restauración o mejora ambiental que sean necesarios.
- g) Respetar las limitaciones que para la utilización urbanística del suelo supone la determinación de **superficies mínimas** y características de unidades aptas para la edificación.
- h) **Conservar las edificaciones**, las construcciones y las instalaciones existentes de modo que cumplan en todo momento los requerimientos mínimos exigibles para la autorización de su uso, procediendo a las obras y los trabajos de mantenimiento, reparación, saneamiento y, en su caso, rehabilitación. Quedarán sujetos igualmente al cumplimiento de las normas sobre protección de los patrimonios arquitectónicos y arqueológicos.
- i) Solicitar y obtener en la forma dispuesta en la presente Ley las autorizaciones administrativas preceptivas para cualquier acto de transformación o uso del suelo, natural o construido.

CLASES DE SUELO Y CATEGORÍAS	(**Art. 13 LSCM**) El planeamiento general, o, en su caso, el territorial, clasifican el suelo en las siguientes clases: • Suelo urbano • Suelo urbanizable • Suelo no urbanizable de protección En la clase de suelo se distinguen las categorías primarias y secundarias, estas ultimas serán definidas reglamentariamente en su caso.

SITUACIONES BÁSICAS DEL SUELO	(**Art. 12.2 TRLS 2/2008**), **Suelo Rural**: el preservado por la ordenación territorial y urbanística de su transformación mediante la urbanización y el suelo para el que los instrumentos de ordenación prevean o permitan su paso a suelo urbanizado, hasta que termine la correspondiente actuación de urbanización. (**Art. 12.3 TRLS 2/2008**), **Suelo Urbanizado**, aquel que estando integrado en una malla urbana cumpla alguno de estos requisitos: estar urbanizado, contar con las infraestructuras y servicios necesarios o estar ocupado por la edificación.

1. SUELO URBANO

¿QUE ES?	**Los terrenos que formando parte de una trama urbana (Art. 14 LSCM)** • Los que reúnen la condición de solar: completamente urbanizados y sean aptos para la construcción o edificación. • Los ya urbanizados: acceso rodado, por vía urbana municipal, abastecimiento de agua, evacuación de aguas residuales, alumbrado público y suministro de energía eléctrica. • Que estén ocupados por la edificación o construcción al menos en su 2/3 partes. • Que estén urbanizados en ejecución del planeamiento urbanístico. En consecuencia, el suelo urbano ostenta **carácter reglado**, no existiendo discrecionalidad de la Administración para la declaración y clasificación de unos terrenos como tal, si no se cumplen los presupuestos legalmente exigidos; y en el mismo sentido, los terrenos que cumplen tales requisitos habrán de ser clasificados como urbanos. Los **solares** pueden ser definidos como las parcelas resultantes de conformidad con la legalidad o los instrumentos urbanísticos pertinentes que tienen atribuidas un aprovechamiento urbanístico y se encuentran urbanizadas cumpliendo las alineaciones, rasantes y normas técnicas establecidas por el planeamiento correspondiente.

CATEGORÍAS	• **Suelo Urbano consolidado (SUC):** los solares o parcelas que por su grado de urbanización, pueden adquirir la condición de solar, mediante obras accesorias y simultaneas a las de edificación. • **Suelo Urbano no consolidado(SUNC):** precisada de obras de urbanización a realizar en régimen de actuaciones integradas de ejecución del planeamiento, incluidas las de reforma interior, renovación, mejora urbana u obtención de dotaciones urbanísticas, que requieren la distribución equitativa de los beneficios y cargas previstos por el planeamiento, que será necesario tramitar.

2. EL SUELO URBANIZABLE

¿QUE ES?	(**Art. 15.1 LSCM**) Está configurado con **carácter residual**; de forma que serán objeto de esta clasificación los terrenos que así lo disponga el planeamiento, por no poder ser clasificados como suelo urbano o no urbanizable de protección, pudiendo ser objeto de transformación, mediante su urbanización o cualquiera de las otras formas previstas en la ley, en las condiciones que el planeamiento establezca, Todo ello sin perjuicio de su situación básica de suelo rural según el art. 12 de la Ley 2/2008 del Estado.
CATEGORÍAS	• **Suelo urbanizable sectorizado (SUS):** Integrado por los terrenos que el planeamiento general prevea expresamente que deben transformarse en suelo urbano y que, para ello, se dividen en sectores, prevé su urbanización en un período cercano. • **Suelo urbanizable no sectorizado (SUNS):** restantes terrenos adscritos al suelo urbanizable, cuyo desarrollo no tiene una previsión cercana. Siendo su régimen de usos hasta que se apruebe el correspondiente plan de sectorización, el establecido para el suelo no urbanizable de protección.

3. EL SUELO NO URBANIZABLE DE PROTECCIÓN

¿QUE ES?	Podemos definir el suelo no urbanizable, con carácter general, como **aquel que no va a ser objeto de transformación.** **(Art. 16.1 LSCM)** tendrán esta condición los terrenos en que concurra alguna de las siguientes circunstancias: • Que deban incluirse en esta clase de suelo por estar sometidos a algún **régimen especial de protección incompatible con su transformación** de acuerdo con el planeamiento regional territorial o la legislación sectorial, en razón de sus valores paisajísticos, históricos, arqueológicos, científicos, ambientales o culturales, de riesgos naturales acreditados en el planeamiento sectorial, o en función de su sujeción a limitaciones o servidumbres para la protección del dominio público. • Que el planeamiento regional territorial y el planeamiento urbanístico consideren necesario **preservar por los valores** agrícolas, forestales, ganaderos o por sus riquezas naturales. Podemos advertir la potestad discrecional de la que la ley dota al planeador. La discrecionalidad de la Administración para clasificar el suelo como no urbanizable deberá basarse o motivarse, siendo disconforme a derecho la clasificación si no existen **motivos de racionalidad**.

¿QUE ES?	La clasificación del suelo como no urbanizable podrá ser impugnada por los interesados, siendo necesaria prueba suficiente que acredite la posible arbitrariedad del planificador. Correlativamente, la Administración o planificador deberá justificar y explicitar los valores que justifiquen la clasificación. **(Art. 16.2 LSCM)** Reitera, conforme a lo dispuesto en el artículo 13.2 de la ley, la posibilidad de que el **planeamiento territorial clasifique** directamente como no urbanizable de protección, los terrenos que deban pertenecer a esta clase de suelo, con **efecto vinculante para el planeamiento general**; instrumento que únicamente podrá, en su caso, completar la clasificación realizada. **(Art.16.3 LSCM)** Si como consecuencia de incendio o agresión ambiental se producen daños en el suelo, la vegetación y la fauna o sus hábitat, y los terrenos pierden el valor que dio lugar a su protección, quedarán sujetos desde el mismo momento de la producción del daño a **restitución medioambiental**. Asimismo, **no podrá incluirse este suelo en ninguna otra clase, dentro de los treinta años siguientes al daño sufrido**, salvo previa autorización por Ley aprobada por la Asamblea de Madrid, en la que quede justificada la imposibilidad de dicha restitución medioambiental.

RÉGIMEN URBANÍSTICO DEL SUELO URBANO

DERECHOS Y DEBERES EN SUELO URBANO CONSOLIDADO (SUC) Art. 17 LSCM:	• Realizar obras de carácter ordinario para completar la **urbanización**. Son abundantes las resoluciones judiciales que declaran la procedencia de exigir al propietario **garantía** suficiente que asegure la urbanización antes del otorgamiento de licencia de obra necesaria en los supuestos de simultaneidad de las obras. • **Edificar** en las condiciones y plazos previstos por el planeamiento. Respecto del aprovechamiento urbanístico, se requiere la ponderación de la edificabilidad, de los usos y de la intensidad de los usos que asigne al suelo el planeamiento urbanístico. • Destinar la edificación a **los usos permitidos por el planeamiento.** • Conservar y rehabilitar. • En los casos en que la parcela no tenga la condición de solar y se pretenda la edificación, se deberá: prestar garantía que cubra el coste de urbanización, asumir la ejecución simultanea y cesión, en su caso de la superficie de vial necesario.

DERECHOS Y DEBERES EN SUELO URBANO NO CONSOLIDADO (SUNC) Art. 18 LSCM:	Además de los generales los siguientes **derechos**: • Instar la aprobación del planeamiento de desarrollo, a fin de establecer la ordenación pormenorizada precisa para la ejecución del planeamiento. • Instar la delimitación del ámbito de actuación y el señalamiento del sistema de ejecución. • Llevar a cabo la actividad de ejecución, o participar en ella, salvo que el sistema de actuación sea público. Además de los generales los siguientes **deberes**: • Abstenerse de toda actuación en contra o al margen del **sistema de ejecución** que se haya determinado. • Efectuar a titulo gratuito las cesiones de suelo reservado para las **redes** de infraestructuras, equipamientos y servicios públicas. Respecto a las cesiones, no pueden exigirse cesiones que no estén previstas **en ley** (STS de 19 de febrero 1991; y se encuentran al servicio del ámbito concreto de desarrollo en el que estén incluidos. En la STS de 20-4-2005 , el TS dispone que resulta improcedente la obligación de cesión para dotaciones públicas «**inespecíficas**», es decir, insuficientemente especificadas en el planeamiento. • Ceder a título gratuito al municipio suelo totalmente urbanizado, sustentante del el 10% del producto del coeficiente de edificabilidad del ámbito de actuación. Las parcelas obtenidas o indemnizaciones sustitutorias de la cesión quedarán afectas a las finalidades del patrimonio público del suelo • Costear las obras de urbanización interior y las precisas para asegurar la **conexión** del ámbito con las infraestructuras, equipamientos y servicios de ordenación y la integridad y la funcionalidad de éstas, así como para **reforzar**, mejorar o ampliar tales redes cuando sea necesario para compensar el impacto y la sobrecarga que suponga la puesta en uso del ámbito de actuación. • Realojar a los ocupantes legales de inmuebles que constituyan su residencia habitual. • Culminado el proceso de ejecución, los mismos que le suelo urbano consolidado.

RÉGIMEN DEL SUELO URBANO CONSOLIDADO (SUC) Art. 19 LSCM:	• Se encuentran legalmente vinculados a los **usos** previstos por la ordenación urbanística y, en su caso, a la **construcción** o edificación, • están afectados por la carga de la **ejecución y financiación de todas las urbanizaciones** que aún resten para que la parcela adquiera la condición de solar, incluyendo, en los casos que proceda, la cesión a título gratuito de la superficie destinada a vial, y las infraestructuras de urbanización pendientes a todo lo largo del perímetro de la parcela, cuando sea posible, y al pago de la cuota de urbanización que corresponda, en caso de que no sea posible; debiendo efectuarse con carácter previo a la realización de cualquier acto de edificación. • Podrán autorizarse, en terrenos que no tengan la condición de solar, la ejecución de las obras de urbanización precisas y las de construcción, cumpliendo los siguientes requisitos: - Asunción expresa y formal por el propietario de los compromisos de proceder a la realización simultánea de toda la urbanización pendiente y la edificación y de formalización, en su caso, de la cesión de superficie de vial asimismo pendiente, así como de no ocupación ni utilización de la edificación hasta la total terminación de las obras, la materialización, en su caso, de la cesión y el efectivo funcionamiento de los servicios urbanos correspondientes. - El compromiso de no ocupación, ni utilización, incluirá el de consignación de condición, con idéntico contenido, en cuantos negocios jurídicos se celebren con terceros e impliquen el traslado a éstos de alguna facultad de uso, disfrute o disposición sobre la edificación o parte de ella. - Prestación de garantía en cuantía suficiente para cubrir el coste de ejecución de las obras de urbanización comprometidas (STS de 29-10-1991 o de 6-3-1991).

RÉGIMEN DEL SUELO URBANO CONSOLIDADO (SUC)	1. En esta categoría de suelo urbano, en tanto **no disponga de la ordenación pormenorizada** (establecida en el planeamiento general o, en su caso, en el planeamiento de desarrollo), únicamente podrán realizarse, conforme establece el artículo 20.1 de la Ley: • Obras correspondientes a **infraestructuras, equipamientos y servicios públicos** de las redes definidas por la ordenación estructurante del planeamiento general, así como las de infraestructuras y servicios públicos de la competencia de cualquiera de las Administraciones públicas y los servicios públicos prestados por compañías suministradoras que sean compatibles con la ordenación establecida en el planeamiento. • **Usos, construcciones, edificaciones e instalaciones de carácter provisional** que no estén expresamente prohibidas por la legislación sectorial ni por el planeamiento, que deben cesar en todo caso y ser demolidas, sin indemnización alguna, cuando así lo disponga la Administración urbanística. Las licencias o autorizaciones que así se concedan, deben ser aceptadas expresamente por el propietario, quedando su eficacia condicionada a la prestación de garantía por importe mínimo de los costes de demolición y desmantelamiento, así como de inscripción en el Registro de la Propiedad del carácter precario de los usos, las obras y las instalaciones. • Obras de mantenimiento y conservación de construcciones, edificios e instalaciones. 2. El establecimiento de la **ordenación pormenorizada** a través de los instrumentos de planeamiento a que se ha hecho referencia, produce los siguientes efectos (art. 20.2): • La vinculación legal de los terrenos al pertinente **proceso urbanizador** y edificatorio del ámbito de actuación o de las unidades de ejecución en las que se divida, en el contexto del sistema de ejecución que corresponda. • La afectación legal de los terrenos al cumplimiento, en los términos del sistema de ejecución que se fije, de los **deberes legales de la propiedad**, tal como resulten precisados por el planeamiento urbanístico, así como, en su caso, a la **distribución equitativa de los beneficios y cargas** entre los propietarios. Cuando la superficie total de los terrenos con destino o uso públicos y carácter dotacional previamente existentes en la unidad de ejecución sea igual o superior a la que deba resultar de la ejecución del planeamiento urbanístico, se entiende sustituida una por otra, percibiendo la Administración el exceso, si lo hay y en la proporción que corresponda, en terrenos con edificabilidad.

RÉGIMEN DEL SUELO URBANO CONSOLIDADO (SUC) Art. 20 LSCM:	• La afección legal de los terrenos al cumplimiento de la cesión correspondiente al **10** por 100 del producto del coeficiente de edificabilidad del ámbito de actuación o de las unidades de ejecución en las que se divida, por la superficie del mismo, que se cederá urbanizado al Municipio. • El derecho de los propietarios a la **adjudicación de solar o solares** resultantes de la ejecución en proporción al valor del terreno por ellos aportado, salvo que no asuman la ejecución ni participen en ella. • La afectación legal de los terrenos obtenidos por la Administración en virtud de cesión a título gratuito y por cualquier concepto a los destinos previstos por esta Ley y en el planeamiento urbanístico. 3. De conformidad con lo establecido en el artículo 20.3 de la Ley, y sin perjuicio de que la regla general es la imposibilidad, hasta la finalización de las obras de urbanización, de realizar otros actos de edificación o de implantación de usos diferentes a los provisionales referidos en el artículo 20.1.b) , podrán autorizarse la realización de obras de urbanización y edificación simultáneas, con los mismos requisitos que los establecidos al efecto en el suelo urbano consolidado.

RÉGIMEN URBANÍSTICO DEL SUELO URBANIZABLE

DERECHOS Y DEBERES EN SUELO URBANIZABLE SECTORIZADO (SUS) Art. 21 LSCM:	• Mismos derechos y deberes que para el SUNC, art 18 LSCM. • Culminado el proceso de ejecución, los mismos que el suelo urbano consolidado.

DERECHOS Y DEBERES EN SUELO URBANIZABLE NO SECTORIZADO (SUNS) Art. 22 LSCM:	El artículo 22.1 de la Ley regula los **derechos** de los propietarios de esta categoría de suelo urbanizable; pudiendo diferenciar, sin perjuicio de los derechos generales (apartado 1.2), los siguientes: • Los atribuidos a propietarios de suelo no urbanizable de protección. • Promover la sectorización de sus terrenos, mediante un Plan de Sectorización, cuya aprobación supondrá la adscripción de los mismos al régimen urbanístico del suelo urbanizable sectorizado. • Solicitar y, en su caso, ejecutar en sus terrenos las obras, construcciones y edificaciones e implantar los usos y las actividades autorizables en esta categoría de suelo conforme a esta Ley. • Consultar previamente al ejercicio de los anteriores derechos, a las Administraciones competentes, cuyo pronunciamiento es vinculante, sobre la viabilidad de la sectorización y legislación sectorial aplicable, así como respecto de las obras de conexión con las redes exteriores a la actuación. En cuanto a los **deberes**, el artículo 22.2 , además de los generales (apartado 1.2), detalla los siguientes: • Los establecidos para el suelo no urbanizable de protección, mientras no se apruebe la sectorización. • El pago del **canon municipal** que proceda por la realización de actos legitimados por **proyecto de actuación especial.** • En el caso de que se apruebe el Plan de Sectorización, los propios del suelo urbanizable sectorizado y los asumidos en la **propuesta de compromisos**, así como, en todo caso, los de ejecutar y ceder a las Administraciones públicas que corresponda las obras exteriores al sector necesarias para la debida conexión de éste con las redes supramunicipales de infraestructuras, equipamientos y servicios públicos municipales, desde la aprobación del correspondiente Plan de Sectorización.
RÉGIMEN DEL SUELO URBANIZABLE SECTORIZADO (SUS) Art. 23 LSCM:	• Mismo régimen que el previsto para el Suelo Urbano No Consolidado. • Llevada a efecto la ejecución del planeamiento, la adjudicación a los propietarios de los solares resultantes, se efectuará en proporción a la superficie de terreno aportado por cada uno de ellos.

RÉGIMEN DEL SUELO URBANIZABLE NO SECTORIZADO (SUNS)	• En tanto no se halla aprobado Plan de Sectorización, será de aplicación el régimen del suelo no urbanizable de protección (Art 23.2 LSCM). • Actuaciones en Suelo Urbanizable No sectorizado que **requieren cambios en al categoría de suelo.** (Art.24 LSCM) Formular iniciativas de desarrollo urbanístico los terrenos de que se trate, mediante actuaciones urbanizadoras de transformación, instando la tramitación y aprobación del correspondiente Plan de Sectorización, cuyas determinaciones deben respetar los criterios que sobre delimitación de sectores y su inserción en el modelo territorial estén previstas reglamentariamente, o en el planeamiento territorial y urbanístico aplicable. • Actuaciones en suelo Urbanizable no Sectorizado que **NO requieren cambio en la categoría de suelo**. (Art. 25 LSCM): 1. Los vinculados a infraestructuras, dotaciones y servicios públicos. 2. Los que se legitiman mediante calificación urbanística art.26 LSCM o Proyecto de Actuación Especial art.27 LSCM. 3. Las instalaciones de carácter deportivo que podrán concederse mediante licencia municipal. Letra c) añadido por art. 21.1 de Ley 3/2008, de 29 diciembre. • Actuaciones en suelo Urbanizable no Sectorizado que requieren **Calificación Urbanística**. (Art. 26 LSCM): La realización de las siguientes construcciones, edificaciones e instalaciones, con los usos y actividades correspondientes: 1. De carácter **agrícola, ganadero, forestal, cinegético o análogo**. Los usos de este carácter deberán ser conformes con su legislación específica, y comprenderán las actividades, construcciones e instalaciones necesarias para las explotaciones de tal carácter, incluidas las de elaboración de productos del sector primario, y deberán guardar proporción con la extensión y características de dichas explotaciones, quedando vinculadas a ellas y a las superficies de suelo que les sirvan de soporte. Esta calificación podrá legitimar el uso accesorio de vivienda siempre que ésta sea necesaria para el funcionamiento de cada explotación e instalación. 2. De carácter **extractivo**, que comprenderá las construcciones e instalaciones estrictamente indispensables para la investigación, obtención y primera transformación de los **recursos minerales o hidrológicos**. La superficie mínima de la finca soporte de la actividad será la funcionalmente indispensable.

RÉGIMEN DEL SUELO URBANIZABLE NO SECTORIZADO (SUNS)	3. De carácter **de infraestructuras**. Este uso comprenderá las actividades, construcciones e instalaciones, de carácter temporal o permanente, necesarios para la ejecución y el mantenimiento de obras y la prestación de servicios relacionados con el **transporte** por cualquier medio de personas y mercancías, así como de potabilización, transporte, abastecimiento, depuración y tratamiento de **aguas**; la generación, el transporte y la distribución de **energía**; las **telecomunicaciones**; y la recogida, la selección, el tratamiento y la valorización de **residuos**. STSJ Madrid de fecha 31 de octubre de 2003 , ha considerado como instalaciones accesorias de infraestructuras las antenas de telefonía móvil. 4. De carácter **residencial**. Para que se autorice este uso será necesario que: • Se disponga **aislada** en el interior de la unidad, • Que por su localización **no pueda presumirse finalidad urbanizadora** por no existir instalaciones o servicios necesarios para la finalidad de aprovechamiento urbanístico, • Que la finca cuente, cualquiera que sea su naturaleza, con la **superficie mínima** que se establece en la legislación forestal y agraria para los terrenos considerados monte. 5. Las instalaciones de dominio y uso público destinadas al ejercicio de **actividades científicas, docentes y divulgativas relacionadas con los espacios naturales**, incluyendo el alojamiento, si fuera preciso; la superficie mínima de la finca será la que funcionalmente sea indispensable. 6. Las **actividades que favorezcan el desarrollo rural sostenible, incluyendo** las de comercialización de productos agropecuarios y los servicios complementarios de dichas actividades. 7. Los establecimientos de **turismo rural** en edificaciones rurales tradicionales rehabilitadas al efecto, dentro de los límites superficiales y de capacidad que se determinen reglamentariamente. 8. La rehabilitación para su conservación, incluso con destino residencial, de edificios de **valor etnográfico o arquitectónico**, aun cuando se encontraran en situación de fuera de ordenación, pudiendo excepcionalmente incluir las obras de ampliación indispensables para el cumplimiento de las condiciones de habitabilidad.

TEMA V. LA ORDENACIÓN DEL TERRITORIO. EL PLANEAMIENTO URBANÍSTICO

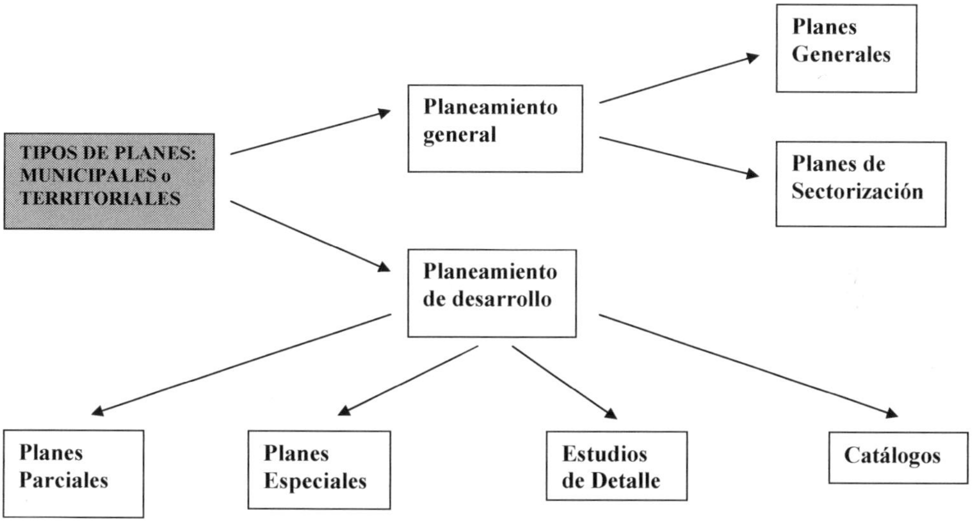

Todos estos tipos de planes constituyen la ordenación urbanística municipal, cuyo contenido se clasifica en:

DETERMINACIONES ESTRUCTURANTES	DETERMINACIONES PORMENORIZADAS
DEFINICIÓN (Art. 35.1 LSCM): Las determinaciones estructurantes sólo son establecidas por el planeamiento general, y se definen como aquellas mediante las que se determina el modelo de ocupación, utilización y preservación del suelo, así como los elementos fundamentales de la estructura urbana y territorial.	**DEFINICIÓN (Art. 35.3 LSCM):** Las determinaciones pormenorizadas son las que desarrollan sin contradecirlas las determinaciones estructurantes y tienen el grado de precisión suficiente para legitimar los actos concretos de ejecución material. Se contienen en el planeamiento general y en el de desarrollo.

COMPRENDEN (Art. 35.2 LSCM):	COMPRENDEN (Art. 35.4 LSCM):
• La clasificación y, en su caso, la categoría del suelo. • Definición de los elementos estructurales de los sistemas de redes públicas. • La división del suelo en área homogéneas, ámbitos de actuación o sectores con el señalamiento para cada uno de sus criterios y condición básica de ordenación (calificación):Usos globales, área de reparto, edificabilidades y aprovechamientos urbanísticos. • El régimen de usos del suelo no urbanizable protegido.	• La definición detallada de la conformación especial de cada área homogénea, ámbito de actuación o sector y, especialmente en suelos urbanos y urbanizables, **de alineaciones y rasantes**. • Las condiciones para la ejecución material de las parcelas. • El régimen de usos pormenorizados. • La definición de los elementos de infraestructuras, equipamientos y servicios públicos que conforman las redes locales. • La delimitación, cuando proceda, de unidades de ejecución y del sistema de ejecución. • Aquellas no expresamente calificadas por el planeamiento general como estructurantes.

De tal forma, las determinaciones de la ordenación urbanística son estructurantes o pormenorizadas. Las estructurantes tienen carácter tasado, mientras que las pormenorizadas son *numerus apertus* y tienen carácter residual.

Todo ello sin perjuicio de una mayor concreción mediante desarrollos reglamentarios.

LAS DETERMINACIONES SOBRE LAS REDES PÚBLICAS

Nota: En la legislación anterior, sistemas generales y locales.

DEFINICIÓN (Art. 36.1 LSCM):
Se entiende por red pública el conjunto de los elementos de las redes de infraestructuras, equipamientos y servicios públicos que se relacionen entre si con la finalidad de dar un servicio integral a la comunidad.

LAS CLASES DE REDES Y DE SUS ELEMENTOS:
Los elementos de cada red, desde el punto de vista de su jerarquía se clasifican en (Art 36.1 LSCM):

- Los que conforman la Red supramunicipal (antes sistemas generales). Son aquellas que atienden con carácter predominante a un ámbito superior al del municipio, y por tanto propias de las políticas de la Administración del Estado o de la Comunidad de Madrid.
- Los que conforman la Red general (antes sistemas generales). Se definen como aquellas que atienden las necesidades de los residentes de un municipio, pero sin que pueda ser atribuida a un área, sector o barrio concreto.
  La red general quedará definida por la ordenación estructurante respecto del conjunto del municipio (art. 36.5 de la LSCM).
  - Redes locales (antes sistemas locales). Aquellas que atienden las necesidades de los residentes de un área, sector o barrio concreto.

Desde el punto de vista **funcional**, las redes pueden ser (Art. 36.2 LSCM):

a) REDES DE INFRAESTRUCTURAS

- Red de comunicaciones: viarias, ferroviarias, portuarias, aeroportuarias y telefónicas.
- Redes de infraestructuras sociales: abastecimiento, saneamiento y depuración.
- Red de infraestructuras energéticas: tales como eléctrica o gasística.

b) REDES DE EQUIPAMIENTOS

- Red de zonas verdes y espacios libres, tales como espacios protegidos regionales, parques municipales y urbanos, jardines y plazas.
- Red de equipamientos sociales, tales como educativos, culturales, sanitarios, asistenciales, deportivos, recreativos y administrativos.

c) REDES DE SERVICIOS

- Red de servicios urbanos: suministro de agua, alcantarillado, suministro de energía eléctrica, alumbrado público, servicio telefónico, acceso rodado y aparcamiento.
- Red de viviendas públicas o de integración social.

ESTÁNDARES DE PLANEAMIENTO DE LAS REDES PÚBLICAS

La ley establece unos nuevos estándares de planeamiento para las redes generales y locales, en los suelos urbanos no consolidados y suelos urbanizables, que sustituyen a los anteriores dados por el Reglamento de Planeamiento.

El sistema de redes supramunicipales sólo podrá ser establecido por el planeamiento regional territorial o, en su defecto, por el planeamiento general.

El sistema de redes generales deberá definirse en la ordenación estructurante respecto al conjunto del Municipio, de forma que cada una tenga las dimensiones y características suficientes para satisfacer adecuadamente las necesidades sociales actuales y potenciales. Para fijar los estándar mínimos se toma como referencia la capacidad total máxima de los suelos urbanos no consolidados y urbanizables y respecto de un módulo de 100 m2 de superficie edificable de cualquier uso, excepto el industrial **(Art. 36.5 LSCM)**

Respecto de las redes locales, los estándar mínimos son fijados por el **Art. 36.6 LSCM** y tomando como referencia los "ámbitos de actuaciones", los "sectores" o las "unidades de ejecución".

Todo ello según el esquema dispuesto en el cuadro adjunto:

Para las redes generales (Art. 36.5 LSCM)	**Para las redes locales (Art. 36.6 LSCM)**
Por cada 100 m2 de superficie edificable de cualquier uso, excepto el industrial, deberán cederse 20 m2, cuyo destino será fijado en función de las necesidades sociales del municipio.	Espacio libre público arbolado, equivale al **50%** de la reserva para Equipamientos/servicios públicos, locales. (15m2/ 100m2c)
	Equipamiento/ servicios públicos: **30m2** / 100m2 construidos.
	Por cada 100m2 edificables, 1,5 plaza de aparcamiento en el interior de la parcela privada.

El cumplimiento de las reservas y estándares explicitados será obligatorio para la Administración, siendo anulable en caso contrario la determinación infractora (STS de 25-1-2005). Por el contrario, la Administración gozará de discrecionalidad en cuanto a su emplazamiento (STS de 8-6-1999), todo ello sin perjuicio del posible control judicial.

No obstante lo expuesto, el consejero competente en materia de ordenación urbanística podrá autorizar la reducción de las dimensiones mínimas **para las redes locales** hasta alcanzar valores iguales o superiores al 80 por 100 de los estándares mínimos antes estudiados.

Para ello habrán de concurrir los siguientes requisitos:

- Informe previo de la Administración responsable del servicio afectado.
- Informe previo de la Comisión de Urbanismo de Madrid.
- Que concurra alguno de los supuestos siguientes:
  - Que el sector afectado tenga los siguientes caracteres: a) alguno de los siguientes usos: turístico, recreativo, residencial estacional; b) tipología edificatoria aislada; c) densidad y edificabilidad bajas; d) presentar autonomía suficiente respecto de cualesquiera otros.

- Que se corresponda con una actuación para el establecimiento de complejos industriales aislados.
- Que se requiera redes viarias de grandes dimensiones.

En tales casos, el exceso de superficie viaria respecto a las proporciones normales en otros ámbitos o sectores podrá ser compensado reduciendo los mínimos exigidos en la presente Ley para cualesquiera de las otras redes, siempre que los valores finales no resulten inferiores al 90 por 100 de los estándares correspondientes.

LAS DETERMINACIONES SOBRE LA DIVISIÓN DEL SUELO

"Suponen una importante modificación respecto de la legislación anterior"

El suelo urbano se divide en:

Art.37.1 LSCM

→ **Áreas homogéneas**, Siendo cada una de ellas la pieza de referencia respecto a la cual se señalan las condiciones de la ordenación estructurante.
Se dividen:

→ En el **SUNC** (Suelo Urbano No Consolidado), en los **ámbitos de actuación** que proceda, pudiendo constituir toda el área homogénea un único ámbito.

→ En el **SUC** (Suelo Urbano Consolidado) en principio, no serán divisibles en ámbitos de actuación.

Excepción: Cuando se prevea la necesidad de formular un instrumento urbanístico de desarrollo.

La extensión de cada área deberá de coincidir, en cuanto sea posible, con los barrios o unidades tradicionales de aquella parte de la ciudad ya consolidada.

El suelo urbanizable se divide en:

Art. 37.2 LSCM

→ SECTORES

→ Sobre la totalidad del **SUS** (Suelo Urbanizable Sectorizado), con la excepción opcional de los suelos calificados como elementos de redes supramunicipales o municipales que podrán integrarse o no dentro de los sectores, configurándose como una potestad del planeador.

→ En **SUNS** (Suelo Urbanizable No Sectorizado) sólo podrá delimitarse cada sector en el momento de una iniciativa de transformación urbanizadora y a través del correspondiente Plan de Sectorización.

La división del suelo en áreas homogéneas, ámbitos de actuación y sectores se complementará obligatoriamente con las siguientes determinaciones estructurantes de la ordenación urbanística: Podrán ser continuos o discontinuos y deberán contener además las siguientes condiciones de ordenación: • Calificar, respecto a cada una de las áreas homogéneas, ámbitos y sectores, el uso global y coeficiente de edificabilidad o aprovechamiento unitario que corresponda. • Establecer los criterios y objetivos que procedan respecto a la ordenación urbanística interior del área homogénea, del ámbito o del sector. • Regular las condiciones que fueran pertinentes sobre la sectorización de los suelos urbanizables no sectorizados.

Calificación de suelo es la asignación de los aprovechamientos urbanísticos (uso – tipología - intensidad) de cada clase o categoría de suelo del término municipal. **Área Homogénea:** Zona + Redes Generales **Zona:** espacio del SU que tiene el mismo uso global

DETERMINACIONES SOBRE LOS USOS DEL SUELO (ART. 38 LSCM)

Clasificación Conceptual: ➢ **Principal o característicos:** El que tiene mayor edificabilidad (no el q tiene + superficie). ➢ **Complementario:** necesariamente vinculado al principal para su funcionamiento, % de edificabilidad como máximo (Ej. 1000 m² Industria 200 m² para oficinas). ➢ **Compatible**: Asociado con el principal sin desvirtuar su naturaleza en el mismo edificio o independiente (Ej. Bajo = comercial y Resto = residencial). ➢ **Condicionado**: ▪ **Autorizables** ▪ **Alternativos**: El Plan permite que se sustituya el uso característico incluso en su totalidad, no necesita autorización previa.

SE DISTINGUEN POR LA LEY DOS TIPOS DE USO:

1) **USO GLOBAL:**

El Art 38.1 LSCM define "uso global" de un suelo como "el destino funcional que el planeamiento urbanístico le atribuye en relación al conjunto del término municipal". Tendrá la consideración de determinación estructurante de la ordenación urbanística la fijación, respecto de cada área homogénea, ámbito de suelo urbano y sector de suelo urbanizable, el uso global que se atribuya al mismo.

2) **USOS PORMENORIZADOS:**

La ordenación pormenorizada de los usos en cada delimitación de suelo en que se haya dividido el término municipal comprende dos grupos de determinaciones:

a) La regulación de las condiciones de admisibilidad de cada uno de los distintos usos pormenorizados en la delimitación de suelo correspondiente.
b) El establecimiento para cada ámbito de suelo urbano no consolidado o sector en suelo urbanizable de los coeficientes que fijen las relaciones de ponderación u homogeneización entre todos los usos pormenorizados atendiendo a los objetivos urbanísticos perseguidos.

VINCULACIONES OBLIGATORIAS (Art. 38.2 LSCM):

En suelo urbanizable sectorizado y no sectorizado como mínimo el 30 por 100 de la edificabilidad residencial deberá destinarse a viviendas sujetas a algún régimen de protección pública.

Los planes generales podrán motivadamente modificar estos porcentajes, manteniendo el porcentaje global y el principio de cohesión social.

USO GLOBAL	USO PORMENORIZADO
RESIDENCIAL LIBRE	• RESIDENCIAL COLETIVA. • RECIDENCIAL UNIFAMILIAR.
RESIDENCIAL PROTEGIDA	• VPPB. • VPPL. • VPAOC.
INDUSTRIAL	• ALMACEN. • LOGISTICA. • INDUSTRIA. • TALLERES.
TERCIARIO	• ADMINISTRATIVO / OFICINA • COMERCIAL • HOTELERO / RESTAURACION • OCIO / RECREATIVO
DOTACIONAL	• VIARIO • ZONAS VERDES O ESPACIOS LIBRES • EQUIPAMIENTO • INFRAESTRUCTURAS

EDIFICABILIDAD Y APROVECHAMIENTO URBANÍSTICO

COEFICIENTE DE EDIFICABILIDAD DE CADA ÁREA HOMOGÉNEA EN SUC

Consiste en señalar un valor numérico con la finalidad de definir la **intensidad edificatoria**.

CÁLCULO:

a) Se calculará la superficie edificada de cada solar o parcela, expresada en metros cuadrados construidos. La superficie edificada real del área homogénea será la suma de todas las superficies edificadas de todos los solares o parcelas existentes en el interior del área homogénea.

El coeficiente de edificabilidad real del área homogénea será el cociente de la superficie edificada real entre la superficie de suelo de todo el área, expresado en metros cuadrados construidos por metro cuadrado de suelo.

b) Al establecer la zona o zonas urbanísticas de ordenación pormenorizada, el planeamiento general calculará, sobre la superficie de suelo del área homogénea, la nueva superficie edificable, derivada de las condiciones de intensidad edificatoria establecidas por el planeamiento, a fin de compararla con la superficie edificada real y justificar, en su caso, las estrategias propuestas contemplando un escenario de evolución previsible del área homogénea con hipótesis razonables sobre la dinámica inmobiliaria.

El coeficiente de edificabilidad del área homogénea será el cociente de la nueva superficie edificable entre la superficie de suelo de todo el área, expresado en **metros cuadrados construibles por metro cuadrado de suelo**.

COEFICIENTE DE EDIFICABILIDAD DE CADA ÁMBITO EN SUNC

Consiste en señalar un valor numérico con la doble finalidad de definir la **intensidad edificatoria y la distribución equitativa de beneficios y cargas.**

CÁLCULO:

a) El coeficiente de edificabilidad de cada uno de los ámbitos de suelo urbano no consolidado será igual al coeficiente de edificabilidad del área homogénea en que se encuentre, expresado en **metros cuadrados construibles en el uso característico por metro cuadrado de suelo.**

La superficie edificable de cada ámbito será la resultante de multiplicar el coeficiente de edificabilidad por la superficie de suelo de todo el ámbito, expresado en metros cuadrados construibles en el uso característico.

b) En el supuesto que el **ámbito sea todo el área homogénea**, la determinación del coeficiente de edificabilidad vendrá establecida discrecionalmente por el planeamiento general en función de las estrategias propuestas y por comparación con los coeficientes de edificabilidad de las áreas homogéneas colindantes, si las hubiera.

c) El planeamiento que establezca la ordenación pormenorizada de los ámbitos señalará los coeficientes que, de conformidad con las estrategias propuestas, fijen las **relaciones de ponderación entre todos los usos pormenorizados** que se consideren, al objeto de definir la superficie edificable de cada uso pormenorizado.

La superficie edificable de cada ámbito será la suma de las superficies edificables homogeneizadas de todos los usos pormenorizados.

APROVECHAMIENTO UNITARIO DE CADA SECTOR EN SUble

Consiste en señalar un valor numérico, que será fijado **discrecionalmente** por el instrumento de planeamiento general correspondiente, con la doble finalidad de definir **la intensidad edificatoria y la distribución equitativa de beneficios y cargas**.

Al establecer la ordenación pormenorizada de un sector, el instrumento de planeamiento competente justificará que las condiciones establecidas de intensidad edificatoria y usos pormenorizados son compatibles con el aprovechamiento unitario.

CALCULO:

a) Sobre cada zona urbanística de ordenación pormenorizada incluida en el sector se **calculará la superficie edificable para cada uso pormenorizado** según las condiciones del planeamiento.

b) Se **homogeneizará** cada superficie edificable multiplicándola por el coeficiente de ponderación del uso pormenorizado a que se destina con relación al uso característico del sector.

La suma de todas las superficies edificables homogeneizadas será la superficie edificable de cada **zona** urbanística de ordenación pormenorizada, expresada en **metros cuadrados construibles en el uso característico**.

c) El **coeficiente de edificabilidad** del sector será el cociente de la suma de las superficies edificables de todas las zonas urbanísticas de ordenación pormenorizada incluidas en el sector entre la superficie de **suelo del sector y de las redes públicas a él adscritas.**

El aprovechamiento urbanístico total del sector será el resultante de multiplicar el coeficiente de edificabilidad por la superficie de suelo del sector y de las redes públicas a él adscritas.

No podrá edificarse con una altura superior a **tres plantas más ático**, incluida la baja, plantas retranqueadas y semisótanos que sobresalgan más de un metro, de manera que la edificación resultante no exceda de dichas tres plantas más ático en todos y cada uno de los puntos del terreno, sin perjuicio de las demás limitaciones que sean aplicables.

No obstante lo anterior, los Ayuntamientos podrán autorizar la construcción de **edificios singulares** con una altura superior a la indicada en el párrafo primero, cuando concurran circunstancias especiales debidamente apreciadas y motivadas. Cuando esta autorización suponga la modificación del planeamiento vigente, será preciso el informe previo y favorable de la Comisión de Urbanismo de Madrid.

TEMA VI Y VII . PLANEAMIENTO GENERAL Y PLANEAMIENTO DE DESARROLLO

PLAN GENERAL

OBJETO (ART.41 LSCM)

- Clasificación del suelo.
- Determinar la estructura general y orgánica del territorio.
- Determinara la ordenación pormenorizada.
- Estrategia y programación del desarrollo del plan.
- Medidas para la protección del medio ambiente.
- Reservas de terrenos para equipamientos públicos.
- Previsión de revisión del plan.
- Organizar y programar la gestión de su ejecución.

CONTENIDO SUSTANTIVO (ART. 42 LSCM)

- Establecerá las determinaciones estructurantes de la ordenación urbanística de todo el término municipal.

Se contempla una excepción: los planes de sectorización podrán, en algunos supuestos, establecer ciertas determinaciones de la ordenación estructurante.

- La totalidad del suelo adscrito a una clase y categoría de suelo.
- Justificación expresa, la suficiencia y funcionamiento de cada uno de la redes públicas, distinguiendo entre redes generales y locales.
- Justificar expresamente la idoneidad de las divisiones en área homogénea, ámbitos de actuación y sectores resultantes tanto en suelos urbanos como en los urbanizables sectorizados.
- Y, en algunos supuestos, el plan general concretará también (art. 42.7 LSCM).
- El tratamiento de los siguientes bienes:
  - De dominio público no municipal.
  - Espacios naturales protegidos comprendidos total o parcialmente en el territorio ordenado.
- Regulación de los centros cívicos y de los establecimientos comerciales, terciarios y de espectáculos.

- La catalogación de bienes inmuebles y el establecimiento de sus medidas de protección. Deberán de motivarse las causas por las que se incluye un determinado bien en el catálogo.
- La delimitación de reservas de terrenos de posible adquisición para la constitución o ampliación de patrimonios públicos de suelo.
- La organización de la gestión y la ejecución de la ordenación estructurante.

Dividir la totalidad del **suelo urbano** en áreas homogéneas y ámbitos de actuación, y adscribirá éstas a las categorías de suelo urbano consolidado o no consolidado, según el Art. 37. LSCM, estableciendo sobre cada uno de ellos la totalidad de la ordenación pormenorizada (Art 42.6 e) LSCM)

En cada área o ámbito habrán de concretarse las siguientes determinaciones:

- El señalamiento del uso global y del coeficiente de edificabilidad.
- Definición de los coeficientes en que se fijen las relaciones de ponderación u homogeneización entre todos los usos pormenorizados. El plan general deberá justificar expresamente las variaciones de coeficientes entre áreas distintas.
- Delimitación de los elementos necesarios para completar las redes públicas en la escala local.
- Delimitación de los núcleos o áreas históricas tradicionales o características sobre las que deba establecerse una normativa que excluya la sustitución o alteración indiscriminadas de la edificación y los usos e imponga que las nuevas edificaciones y usos armonicen con la tipología histórica o existente.
- Concreción de las determinaciones de ordenación pormenorizada necesarias para legitimar la ejecución de los actos e intervenciones.

En suelo urbanizable sectorizado:

- División en uno o varios sectores, de forma que todos lo terrenos correspondientes a esta categoría urbanística pertenezcan a alguno de ellos.
- Delimitación del área de reparto de cargas y beneficios .
- Señalar para cada sector el uso global y el aprovechamiento unitario.
- Definición para cada sector de los coeficientes de ponderación u homogeneización entre todos los usos pormenorizados posibles en el mismo.
- Justificar expresamente las variaciones de coeficiente entre sectores distintos.
- Establecer la completa ordenación pormenorizada de uno o varios sectores, cuando sea el Plan general el que los delimite (Art 42.5.g LSCM)
- Respecto de los elementos integrantes de las redes públicas generales de infraestructuras, equipamientos y servicios, el plan general deberá optar entre:
  a) integrarlos como parte de un sector;
  b) considerarlos no pertenecientes a ninguno.

En el supuesto de que en un sector exista uso residencial, se deberá señalar el porcentaje de viviendas sujetas a protección pública, de conformidad con lo dispuesto en los artículos 38 y 39 de la LSCM.

En suelo NO urbanizable de protección:

- Establecerá todas las determinaciones pormenorizadas de la ordenación urbanística para garantizar su desarrollo equilibrado, integral y sostenible.
- Las actuaciones que hayan de autorizarse mediante calificación urbanística, y concretará las condiciones especiales que habrán de exigirse para su obtención (Art. 42.3 de la LSCM).

DOCUMENTACIÓN (ART. 43 LSCM)

En todo caso, deberán formar el plan (no se trata de un numerus clausus y en consecuencia podrá requerirse según los casos documentación adicional):

- Memoria. Es el elemento interpretativo del plan (por todas, STS de 14-12-2001).
- Estudio de viabilidad y estudio económico-financiero. Justifica que el modelo territorial elegido es sostenible y viable.
- Planos de ordenación estructurante y de ordenación pormenorizada, y los derivados de la legislación ambiental.
- Informe de análisis ambiental. Debe estudiar realmente las distintas alternativas, justificar la solución propuesta y las medidas adoptadas.
- Normas urbanísticas.
- Catálogo de bienes y espacios protegidos. Identifica los inmuebles que merecen especial protección.

PLANES DE SECTORIZACIÓN

FUNCIÓN (ART. 44 LSCM)

DEFINICIÓN: Son los instrumentos que establecen la estructura de la ordenación urbanística para la transformación de terrenos calificados como suelo urbanizable no sectorizado, que adquiere a través de ellos el carácter de suelo urbanizable sectorizado.

- Completan la ordenación estructurante del Plan General sobre suelo urbanizable no sectorizado objeto de iniciativa de transformación.
- **Características** de su función:
  - Coherencia con las estrategias globales regionales y municipales para el desarrollo sostenible del territorio.
  - Adecuación de la nueva propuesta urbanística en la estructura de ordenación municipal de su correspondiente Plan General.
  - Vincular sus determinaciones propias de carácter estructurante a las pormenorizadas propias del Plan Parcial y de los instrumentos de gestión necesarios para la ejecución.

DELIMITACIÓN SECTORIAL (ART. 45.2 Y 45.4 LSCM)

- Se justificará expresamente el cumplimiento de las condiciones del Plan General para el SUS.
- **Compromisos**:
  a) Prestación como garantía a la Administración por un importe mínimo del 10 % del coste total de las obras de urbanización del sector y de los elementos de redes generales tanto interiores como exteriores a aquél.
  b) Certificaciones técnicas de los órganos competentes respecto a la suficiencia de las redes de infraestructuras para garantizar el abastecimiento de la demanda de los servicios públicos.
  c) En especial se aportarán suficientes garantías en cuanto a la autonomía del sistema de transporte, de forma que se asegure que no se produce sobre congestión en ninguna de las distintas hipótesis probables.
- Cuando el sector a delimitar esté aislado del resto de los suelos urbanos y urbanizables sectorizados, deberá incluirse una propuesta de ordenación estructurante para los terrenos intermedios, que tendrá carácter indicativo.
- Establecer plazos para la completa realización de las actuaciones.
- Demás contraprestaciones.

CONTENIDO (ART.45.1 LSCM)

- Delimita el sector objeto de actuación.
- Califica los terrenos de las redes públicas supramunicipales y generales.
- Compromisos con la Administración Pública.
- Concretar las contribuciones a las que será necesario comprometerse para obtener autorización la transformación urbanizadora.

DOCUMENTACIÓN(ART. 46 LSCM)

- Memoria.
- Estudio de viabilidad.
- Estudios sectoriales.
- Informe de análisis ambiental.
- Planos conteniendo los recintos de aplicación de la estructura de ordenación y de la ordenación pormenorizada y los derivados de la ordenación sectorial.
- Normas e instrucciones urbanísticas diferenciando las que correspondan a la ordenación pormenorizada.
- Programa de actuación y compromisos.

PLANES PARCIALES

Los planes parciales son los instrumentos a través de los cuales se establece la ordenación pormenorizada para posibilitar la ejecución directa de ésta, sin necesidad de posterior desarrollo art. 47.1 de la Ley.

No cabe proceder a la aprobación de un plan parcial si previamente no se ha aprobado definitivamente el plan general o, en su caso, el plan de sectorización.

A través de un plan parcial no puede modificarse la ordenación estructurante, establecida por un plan general o por un plan de sectorización. Por aplicación del principio de jerarquía normativa, los planes parciales han de respetar las determinaciones reguladas por el planeamiento de ordenación estructural (a modo de ejemplo, STSJ del País Vasco de 16-2-2006).

El ámbito territorial de un plan parcial queda reducido al suelo urbano no consolidado y al suelo urbanizable sectorizado (Art. 47.1 de la LSCM).

FUNCIÓN (ART. 47 LSCM)

- El Plan Parcial desarrolla el Plan General o el Plan de Sectorización para establecer la ordenación pormenorizada de ámbitos y sectores completos, tanto en SUNC como en SUble.
- Los Planes Parciales se calificarán como Planes de REFORMA INTERIOR: cuando tenga por objeto operaciones de reurbanización, reforma, renovación o mejoras urbanas en suelo urbano no consolidado.
- Puede modificar la ordenación pormenorizada del Plan General sobre el ámbito o sector, con los requisitos del Art. 47.3 de la LSCM.
- Además, según establece el Art. 48.4 de la LSCM, también regulará los suelos destinados por el planeamiento general a redes públicas supramunicipales o generales, a no ser que se regulen a través de un plan especial.

CONTENIDO SUSTANTIVO (ART. 48 LSCM)

- Definir alineación y rasantes.
- Codificaciones de las parcelas para su ejecución material.

Condiciones de edificabilidad y de admisibilidad de uso suficiente para determinar el aprovechamiento de cualquier parcela. La ordenación volumétrica de la edificación y la fijación de los parámetros normativos podrá ser remitida a regulación por estudio de detalle.

- Señalamiento de reservas de terreno para redes locales y espacios dotacionales.
- Delimitación de unidades de ejecución, señalando el sistema de ejecución correspondiente.
- PLAN PARCIAL EN SUELO URBANIZABLE. Además de lo anterior:
    1. Conexión, ampliación o refuerzo de infraestructura, equipamientos y servicios municipales y supramunicipales.

2. Verificación técnica con autorización del órgano componente garantizando el abastecimiento de la demanda de servicios públicos mínimos.
3. Estudios de infraestructuras de la red de saneamiento.
4. Red de comunicaciones.
5. Plan de alarma, evacuación y seguridad civil en supuestos catastróficos.

- Cuando un sector en suelo urbanizable, sea un desarrollo urbanísticamente aislado, el plan parcial incluirá además una propuesta de ordenación global, que tendrá carácter indicativo.

El plan parcial podrá modificar la ordenación pormenorizada en suelo urbano no consolidado o en suelo urbanizable sectorizado establecida bien por el plan general o bien por el plan de sectorización siempre que satisfaga los siguientes requisitos:

- Que su objeto sea el incremento de la calidad ambiental de los espacios urbanos o la mejora de las dotaciones públicas. De tal forma, no cabe una modificación que tenga objetos diferentes a los expresados.
- Que la modificación sea congruente con la ordenación estructurante.

DOCUMENTACIÓN (ART. 49 LSCM)

- Memoria.
- Informe previsto en la normativa reguladora de las infraestructuras de saneamiento.
- Planos de ordenación pormenorizada.
- Organización y gestión de la ejecución.
- Normas urbanísticas.
- Catálogo de bienes y espacios protegidos, cuando proceda.

PLANES ESPECIALES

FUNCIÓN (ART. 50 LSCM)

- Definición, ampliación o protección de cualquier elemento integrante de redes públicas de infraestructuras, equipamientos y servicios.
- Conservación, protección y rehabilitación del patrimonio histórico – artístico, cultural, urbanístico y arquitectónico.
- Conservación, protección, rehabilitación o mejora del medio urbano y el medio rural.
- Protección de espacios urbanos y naturales.
- Otros que se determinen reglamentariamente.
- Pueden modificar o mejorar la ordenación pormenorizada previamente establecida por cualquier otra figura de planeamiento urbanístico justificando su coherencia con la estructura de la ordenación.
- Límite: no podrán modificar las determinaciones de ordenación estructurante
- El art. 51.1 de la LSCM establece que, con carácter general, los planes especiales deberán de contener las determinaciones necesarias para hacer efectivos su objeto y su finalidad.

CONTENIDO SUSTANTIVO (ART. 51 LSCM):

- Las determinaciones propias del Plan Parcial que correspondan a su objeto especifico.
- Las determinaciones propias del Plan Parcial de Reforma Interior, en su caso.

DOCUMENTACIÓN (ART. 52 LSCM)

Se formalizará en los documentos adecuados a sus fines concretos, incluyendo cuando proceda.

- Catálogo de Bienes y Espacios Protegidos.
- Informe de los Organismos Afectados.

ESTUDIO DE DETALLE

ART 53 LSCM

FUNCIÓN

El Art. 53.1 LSCM Determinaciones de la ordenación pormenorizada (el listado es "numerus clausus"):

- Ordenación y composición de los volúmenes, según las condiciones del plan general.
- Señalamiento de alineaciones y rasantes. Excluye los elementos viarios que tengan carácter de sistema general.

LÍMITES

- En cumplimiento de su función podrán delimitrar de espacios libres y / o viarios en suelo edificable.
- En ningún caso podrán alterar el destino del suelo, incrementar la edificabilidad y desconocer o infringir las demás limitaciones que les imponga el correspondiente Plan General o Parcial.
- En ningún caso podrán parcelar el suelo.

CONTENIDO Y DOCUMENTACIÓN (Art. 54 LSCM)

El estudio de Detalle establecerá las determinaciones que sean coherentes con su objeto, y las formalizará en los documentos adecuados.

Los estudios de detalle quedan restringidos a los ámbitos espaciales sobre los que se haya establecido la ordenación pormenorizada a través de un plan general o de sectorización. Deben abarcar manzanas o unidades urbanas concretas (art. 53.1 LSCM)

CATÁLOGOS DE BIENES Y ESPACIOS PROTEGIDOS

OBJETO

Los catálogos tienen por objeto, según el art. 55.1 de la LSCM, establecer las medidas de protección de edificios o de elementos históricos, culturales o ambientales.

Podrán formarse y aprobarse Catálogos de bienes y espacios protegidos, con el mismo contenido que los Planes de Ordenación, únicamente con la finalidad de complementar, precisar o mejorar aquéllos.

CONTENIDO

- El contenido de los Catálogos de bienes de espacios protegidos de los diversos planes de Ordenación Urbanística, y los aprobados con carácter complementario o de actualización o de mejora de éstos, integra un registro administrativo radicado en la Consejería competente en materia de ordenación urbanística.
- La organización y funcionamiento del Registro Administrativo deberá proporcionar información suficiente sobre la situación, características físicas y jurídicas y régimen de protección a que estén sujetos los bienes y espacios.
- Los catálogos podrán aprobarse como documentos que formen parte de un plan general o de un plan parcial o como documentos independientes de éstos.

FORMALIZACIÓN Y APROBACIÓN DE LOS PLANES DE ORDENACIÓN URBANISTICA

	PLAN GENERAL	PLAN SECTORIZACIÓN
FORMULACIÓN	• Solo iniciativa pública	• Iniciativa pública y privada.
ART. 56 LSCM AVANCE	• Formalización preceptiva. • Información pública mínimo 30 días. • Informe ambiental en 3 meses. • Informe de impacto Territorial en 6 meses	• Formación preceptiva. • Información pública mínimo 30 días. • Informe ambiental en 3 meses. • Informe de impacto Territorial en 6 m

Solo tendrá efectos administrativos internos

	ART 57 LSCM	ART 58 LSCM
APROBACIÓN INICIAL	• Acuerdo del Pleno. • Información publica por 1 mes. • Informe de análisis ambiental y de Impacto Territorial	• Formulación conjunta con el P.P. • Información pública por 1 mes. • Informe de análisis ambiental y de Impacto territorial

ART. 57 LSCM: Destaca la introducción de un nuevo apartado f) añadido por el Artículo 10.3 de la Ley 7/2007 de 21 de diciembre de Medidas Fiscales y Administrativas, que dispone lo siguiente:

f) «Reglamentariamente se establecerá el procedimiento de tramitación de las modificaciones puntuales del planeamiento urbanístico cuando no supongan modificaciones sustanciales, no siéndoles de aplicación el procedimiento establecido en el presente artículo. El Reglamento definirá estas modificaciones no sustanciales a las que no serán de aplicación las limitaciones previstas en los artículos 68 y 69 de la presente Ley. Los informes sectoriales que deban emitirse en la tramitación de estas modificaciones deberán evacuarse en el plazo máximo de un mes. Si no se emitieran en dicho plazo se entenderán favorables a la tramitación de la modificación».

Por Decreto 92/2008, de 10 de julio del Consejo de Gobierno de la Comunidad de Madrid, se regulan las modificaciones puntuales no sustanciales.

APROBACIÓN PROVISIONAL	• Aprobación por el Plano. • Remisión a la Consejería.	• Aprobación por el Plano. • Remisión al la Consejería.
ÓRGANOS COMPETENTES PARA LA APROBACIÓN DEFINITIVA **ART 61 LSCM**	• **CONSEJO DE GOBIERNO DE LA CM,** Cuando afecta a la aprobación definitiva y revisiones, así como las modificaciones de municipios con mas de 15.000 habitantes. • **CONSEJERO COMPETENTE:** Modificaciones de municipios con población inferior a 15.000 habitantes, salvo los supuestos reservados al Gobierno de la CM	• **CONSEJO DE GOBIERNO DE LA CM,** Cuando afecta a la aprobación definitiva y revisiones, así como las modificaciones de municipios con mas de 15.000 habitantes. • **CONSEJERO COMPETENTE:** Modificaciones de municipios con población inferior a 15.000 habitantes, salvo los supuestos reservados al Gobierno de la CAM
APROBACIÓN DEFINITIVA Art. 62 LSCM	El órgano competente para la aprobación definitiva podrá adoptar los siguientes acuerdos: • APROBAR DEFINITIVAMENTE el Plan. • PLAZAR la aprobación definitiva hasta la subsanación de errores. • DENEGACIÓN de la aprobación definitiva. • APROBAR CONDICIONADAMENTE, con eficacia suspendida, hasta el cumplimiento de las condiciones señaladas por le Consejo de Gobierno.	
PLAZOS MÁXIMOS Art. 63 LSCM	• 4 meses desde la presentación del expediente en la Consejería.	• 6 meses desde Ap. Inicial a Ap. Provisional (Iniciativa privada) • 4 meses desde la presentación del expediente en la Consejería para Ap. Definitiva.
SILENCIO ADMINISTRATIVO	**POSITIVO**	• En el Plan de Sectorización de Iniciativa Pública: POSITIVO. • En otro caso: NEGATIVO.

	PLAN PARCIAL Y ESPECIAL	**ESTUDIO DE DETALLE Y CATALOGOS**
FORMULACIÓN	• Iniciativa pública y privada	• Iniciativa pública y privada.
AVANCE	• Formalización facultativa. • Información pública mínimo 30 días. • Informe ambiental y de impacto territorial	• Formalización facultativa. • Información pública mínimo 30 días. • Información ambiental y de impacto territorial
	Sólo tendrá efectos administrativos internos	
APROBACIÓN INICIAL	• Mismo procedimiento que para la aprob. Del P.G. • **ESPECIALIDADES:** • Formulados por la admón.. Pública: - Aprobación por el Alcalde. • P.E. de infraestructura y serv. Públicos de la CAM: - Aprobación por la Comisión - de Urbanismo. - Formulado por iniciativa particular. - Aprobación por el Alcalde. - Notificación individual.	• Mismo procedimiento que para la aprob. Del P.P.y P.E. • **ESPECIALIDADES:** • Información pública para el E.D. es de 20 días, y para los Catálogos es de 30 días. • Informes Preceptivos Catálogos: - Consejería en materia de patrimonio histórico-artístico - Consejería en materia de catálogos de protección del patrimonio urbano.
APROBACIÓN PROVISIONAL	• Cuando el Municipio no sea competente para acordar la aprobación definitiva. • P.E. de infraestructura - No aprobación provisional.	• Catálogos: Aprobación por el Pleno del Ayuntamiento.
ÓRGANOS COMPETENTES PARA LA APROBACIÓN DEFINITIVA (Art. 61 LSCM)	• **COMISIÓN DE URBANISMO:** * Cuando no sea competencia Municipal. * Los P.E. que tengan por objeto la ordenación de infraestructuras, equipamientos y servicios públicos. • **PLENO DE AYUNTAMIENTO:** * Municipios con población superior o igual a 15.000 habitantes.	• **COMISIÓN DE URBANISMO:** - Catálogo de bienes. • **PLENO DEL AYUNTAMINETO:** - Estudio de Detalle.
APROBACIÓN DEFINITIVA (Art. 62 LSCM)	El órgano competente para la aprobación definitiva podrá adoptar los siguientes acuerdos: • APROBAR DEFINITIVAMENTE el Plan. • APLAZAR la aprobación definitiva hasta la subsanación de errores. • DENEGACIÓN de la aprobación definitiva. • APROBAR CONDICIONADAMENTE, con eficacia suspendida, hasta el cumplimiento de las condiciones señaladas por le Consejo de Gobierno.	

PLAZOS MÁXIMOS

- Planes de Sectorización, P.P. P.E., E.D. y Catálogos DE INICIATIVA PRIVADA:
  - 6 meses desde la aprobación inicial para la aprobación provisional por el municipio cuando la definitiva corresponda a la CM.
  - 6 meses desde la aprobación Inicial, cuando la aprobación definitiva correspondiente al municipio.
  - 3 meses para los Estudios de Detalle y CATÁLOGOS cuando la aprobación definitiva corresponda a la CM.
- P:P:, P.E y Catálogos de INICIATIVA PÚBLICA:
  - 3 meses cuando la aprobación definitiva corresponda a la CM.

SILENCIO ADMINISTRATIVO

POSITIVO a iniciativa publica

NEGATIVO iniciativa privada

POSITIVO a E. Detalle de iniciativa publica

NEGATIVO resto

EFECTOS PUBLICACIÓNES Y VIGENCIA DE LOS PLANES

EFECTOS: **(Art. 64 LSCM)**	• Vinculación de los terrenos al destino que resulte de su clasificación y calificación. • Obligatoriedad de cumplimiento por todos los sujetos, públicos y privados. • Publicidad de su contenido. • Declaración de situación de fuera de ordenación de las instalaciones anteriores que resulten desconformes con la nueva regulación. • Ejecutividad de las determinaciones, a los efectos de Ejecución Forzosa. • Declaración de utilidad pública y la necesidad de ocupación de los terrenos.
REGISTRO: **(Art. 65 LSCM)**	• Registro Administrativo de los Planes de Ordenación Urbanística. • El Depósito de los Planes es condición legal para su publicación.
PUBLICACIÓN y VIGENCIA **(Art. 66 LSCM)**	• Obligatoriedad de publicar un resumen ejecutivo (Art. 11.3 TRLS 2/2008) • Publicación en el BOCM. • Entrarán en vigor el mismo día de su publicación, teniendo vigencia indefinida.

MODIFICACIÓN Y REVISIÓN DE LOS PLANES DE ORDENACIÓN URBANÍSTICA

DISPOSICIONES COMUNES A LA ALTERACIÓN DE LOS PLANES (Art. 67 LSCM)

- Regla General: Deberán establecerse por la misma clase de Plan y observación el mismo procedimiento.
- Excepción: Modificaciones en los Planes Generales por Planes Parciales, Planes de Reforma interior y Planes Especiales, así como lo dispuesto en el Art 57 f). Y modificaciones promovidas por la Comunidad de Madrid, que tenga por objeto modificar los usos asignados por el planeamiento regional territorial o por el planeamiento general a los terrenos integrantes de una red pública supramunicipal cedidos a la Comunidad de Madrid.
- Cuando ésta, aumente la edificabilidad, desafecte el suelo de un destino público, o descalifique suelo destinado a viviendas sujetas a protección, deberá establecer las MEDIDAS COMPENSATORIAS necesarias para mantener las dotaciones previas respecto del aprovechamiento del suelo, asegurando el disfrute de las redes de infraestructuras, equipamiento y servicios públicos.
- No se podrá recalificar para otros usos los terrenos cuyo destino sea el docente, sanitario o vivienda protegida, salvo que se justifique la innecesariedad de la permanencia de dicho destino.
- Se actualizará la documentación que refleja las alteraciones.

REVISIÓN (Art. 68 LSCM)

- Supone la adopción de nuevos criterios que exijan su reconsideración global y formulación completa del correspondiente Plan. Que afecte a la totalidad del suelo del término municipal.

- El Plan General se revisa en los plazos que en el se disponga, y siempre que se quiera introducir alteraciones en los elementos de la ordenación estructurante que supongan modificaciones del medio territorial adoptado.
  Se realizara:
- De una sola vez
- Por fases referidas a partes del municipio.

- Por razones de urgencia el gobierno de la CM, mediante Real Decreto, previo informe de la Comisión de Urbanismo, podrá proceder a la revisión del Plan General vigente. Si transcurren los plazos así fijados sin que se haya iniciado la revisión, se habilitara a la Consejería de Urbanismo para proceder a la revisión en sustitución del Municipio.

MODIFICACIÓN

- Toda alternación que no sea revisión, se considerara modificación.

- Podrá modificarse en cualquier momento.
- Las modificaciones puntuales podrán variar tanto la clase como la categoría del suelo.
- Las modificaciones puntuales podrán ser sustanciales o no sustanciales.

SUSPENSIÓN CAUTELAR
(Art. 70 LSCM)

Su finalidad es salvaguardar las competencias regionales en materia de ordenación del territorio, según dispone el art. 70.1 de la LSCM.

Así mismo, garantiza la efectividad de una posible revisión o modificación del planeamiento. En el acto por el que se adopte tal medida deberá de anotarse y motivarse el cumplimiento de tal finalidad (STSJ de Baleares de 26-10-2001).

- Suspensión a fin de proceder a su revisión o modificación cuando la ejecución del Planeamiento afecta al INTERÉS REGIONAL.

↓

Acuerdo por:
- GOBIERNO DE LA CM en los casos de Planes Generales de municipios de más de 50.000 habitantes.
- El CONSEJERO competente, en los demás casos.

↓

El acuerdo de suspensión:
- No podrá exceder de un año, podrá ampliarse otro año, si durante el primer año se hubiera completado el período de información pública.
- No más suspensiones en la misma zona por idénticas finalidades hasta que pasen 5 años desde el fin de la suspensión.

↓

- En el plazo máximo de 6 meses desde el acuerdo de suspensión, el órgano que dispone la suspensión, dictará las normas de ordenación aplicables en sustitución de la suspendida.

SUSPENSIÓN DE LICENCIAS
(Art. 70.4 LSCM)

Regula la suspensión de actos ya iniciados que han obtenido licencia habilitante. Distinguimos entre:

- Licencias solicitadas antes de la publicación del acuerdo de suspensión. Distinguimos a su vez dos supuestos indemnizatorios:

• Denegación de las licencias por la modificación del planeamiento aplicable: Los peticionarios tendrán derecho a ser indemnizados por los gastos ocasionados por el proyecto presentado, pero no a la concesión de la licencia (por todas, STS de 27-7-1987)

• Los peticionarios de licencias que desistan de su petición, serán indemnizados por el coste de los proyectos y con la devolución de los tributos municipales satisfechos.

- Licencias otorgadas con anterioridad a la publicación de la suspensión.

No se verán afectadas por la concreta suspensión (por todas, STS 2-11-1990). Las licencias otorgadas, tal y como anota el Alto Tribunal en la STS referenciada, sólo pierden su efectividad por su revocación, anulación o declaración de caducidad. El art. 159.b) de la Ley, regula el procedimiento a seguir en esos supuestos.

- Se podrá SUSPENDER la realización de actos de uso de suelo, de construcción, edificación y de ejecución de actividades, durante la TRAMIRACIÓN Y APROBACIÓN de todo tipo de instrumentos de planeamiento, y sus modificaciones y revisiones, e incluso en la fase de AVANCE de planeamiento.

↓

- La aprobación inicial de un Proyecto de Plan de Ordenación Urbanística o de su modificación o revisión comporta dicha suspensión.

↓

- El período de vigencia total de esta medida cautelar de suspensión NO podrá exceder de 1 AÑO.
- Se podrá AMPLIAR otro año, cuando dentro del primer año se haya completado el período de información PÚBLICA.

↓

- NO se podrá acordar nuevas suspensiones en la misma zona y por idéntica finalidad hasta pasados 5 años contados a partir del término de la suspensión.

TEMA VIII. EJECUCIÓN DEL PLANEAMIENTO. LA GESTIÓN

La **ejecución urbanística** se define como el conjunto de procedimientos establecidos en la legislación para la transformación del uso del suelo y, especialmente, para su urbanización y edificación, adaptando el mismo al planeamiento.

La fase o actividad de ejecución urbanística exigirá, con carácter previo, dos requisitos: aprobación de la ordenación pormenorizada y de la modalidad de gestión.

Gestión urbanística A través de la cual se efectúa la transformación del suelo (art. 79 de la LSCM).

La fase de Gestión consta de dos operaciones: La **Material Urbanizadora y edificatoria,** y la **Jurídica** tal y como indica la STSJ de La Rioja, de 31-7-2000:

1. La **Material Urbanizadora y edificatoria**: Proceso industrial de transformación de suelo, consistente en las obras de urbanización u ordinarias, transformando las diversas parcelas en solares, para que pueda materializarse el derecho deber de la edificación conforme a Plan, tanto posterior como simultáneamente a la urbanización.

Los proyectos técnicos de la ejecución material son:

PROYECTO DE URBANIZACIÓN

Es aquél instrumento que diseña y organiza las obras precisas y necesarias para la ejecución material de la ordenación pormenorizada y de los elementos de las redes públicas de infraestructuras, equipamientos y servicios públicos de la ordenación estructurante (Art. 80.1 de la LSCM).

El Art. 80.2 LSCM establece que, los proyectos de urbanización:

No podrán contener determinaciones propias del planeamiento urbanístico, debiendo cumplir las previsiones y, en su caso, requerimientos que para ellos establezca dicho planeamiento.

Deberán estar autorizados por técnico con habilitación legal suficiente y definir las obras que comprendan con la precisión suficiente para ser llevadas a cabo bajo la dirección de técnico distinto del autor del proyecto de que se trate.

Podrán ser formulados por cualquier persona, pública o privada, y se aprobarán por los municipios por el mismo procedimiento de aprobación de los Estudios de Detalle, salvo que se tramiten simultáneamente con el correspondiente planeamiento urbanístico o deban seguir el procedimiento prescrito para la aplicación del sistema de ejecución privada.

Tienen naturaleza de proyecto de obras, lo que conlleva, la no sujeción de las obras contenidas a licencia municipal (A modo de ejemplo, STS de 16 de junio de 1989).

PROYECTO TÉCNICO DE OBRAS DE CONSTRUCCIÓN, EDIFICACIÓN, INSTALACIÓN O REHABILITACIÓN

Son aquéllos instrumentos precisos para la ejecución del planeamiento cuando sea necesaria la realización de actos de uso del suelo y/o actuaciones edificatorias (Art. 80.3 de la LSCM).

En cuanto a los actos de uso del suelo y el ejercicio de actividades hay que estar a lo dispuesto en el Art.84 bis de la Ley 7/1985 de Bases del Régimen Local, en su redacción dada en el número 20 del Art. 1 de la Ley 27/2013 de Racionalización y sostenibilidad de la Administración Local. Que establece, que con carácter general, el ejercicio de actividades no se someterá a la obtención de licencia u otro medio de control preventivo.

De igual manera en cuanto a la inexigibilidad de licencias hay que tener en cuenta lo establecido en la Ley 2/2012 de Dinamización de la Actividad Comercial en la Comunidad de Madrid.

2. La **Jurídica:** Proceso de transformación jurídica de la propiedad a través de procesos de reparcelación o expropiación. La gestión jurídica permitirá la justa distribución de los beneficios y cargas del planeamiento, la regularización de la configuración de las fincas y la situación del aprovechamiento en zonas aptas para edificar conforme a plan.

REPARCELACIÓN

Proceso mediante el cual se produce la reorganización de la propiedad, sin sustitución del propietario, en la transformación de las fincas afectadas por la actuación y de los derechos sobre ellas para su adaptación al planeamiento urbanístico, adjudicando las parcelas resultantes en sustitución de las primitivas, en proporción a los derechos de cada propietario. (Art. 86.1 LSCM)

Para la transformación se aplicará el criterio de proporción directa de los valores aportados a la reparcelación.

EXPROPIACIÓN

Mediante este sistema, la Administración aplica la expropiación a todos los bienes y derechos incluidos en el ámbito de actuación, sector o unidad de ejecución, (Art. 117.1 de la LSCM), sustituyendo al propietario del suelo para, posteriormente, proceder a realizar las obras de urbanización y, en su caso, edificación por el beneficiario de la expropiación.

SUJETOS DE LA ACTIVIDAD DE EJECUCIÓN (Art. 72 LSCM)

- Corresponde a las Administraciones Públicas:
  - La dirección, inspección y control de toda la actividad de ejecución, sea pública o privada.
  - La ejecución propiamente dicha, a través de actuaciones aisladas o integradas en los casos en que le corresponda.
- Sujetos privados: La ejecución, en los demás casos, de acuerdo con lo dispuesto en la LSCM, sean o no propietarios.

INCUMPLIMIENTO DE LAS OBLIGACIONES DERIVADAS DE LA EJECUCIÓN (ART. 73 LSCM)

- Ejecución Privada:
  - Cambio del sistema de ejecución y en su caso, la ejecución por sustitución.
  - Adopción de medidas disciplinarias por la administración.
- Ejecución Pública:
  - Posibilidad de reclamación de los afectados de compensaciones e indemnizaciones, en el supuesto de que lo soliciten, y tenga previsión o soporte legal.

FORMAS DE GESTIÓN DE LA ACTIVIDAD PÚBLICA

La Administración de la CM y los Municipios podrán desarrollar la actividad.

La actividad administrativa de ejecución se desarrollará, en régimen de gestión pública, mediante las formas o modalidades, de gestión directa o indirecta, previstas en la propia legislación urbanística o en la legislación de régimen jurídico y contratación de las Administraciones Públicas.

GESTIÓN PROPIA (ART. 74.1 LSCM):

- Mediante las modalidades de gestión admitidas por la legislación del régimen jurídico y de contratación.

GESTIÓN EN RÉGIMEN DE COOPERACIÓN (ART. 74.2 LSCM):

- Consorcios.

Su régimen gozará de personalidad propia. Sus funciones o competencias resultarán de sus estatutos, y se regirán, en primer lugar, por éstos. Asimismo, les será de aplicación la LSCM.

La elaboración de los estatutos se efectuará por las Administraciones, y se aprobará por los órganos competentes de cada una de ellas. Los estatutos deberá publicarse en el BOCM.

- Mancomunidades de municipios.
- Delegación de competencias.
- Utilización de otras Administraciones (encomiendas de gestión).

SOCIEDADES URBANÍSTICAS (ART. 75 LSCM):

- Podrán constituir sociedades urbanísticas la Administración de la Comunidad de Madrid, los municipios, las entidades públicas dependientes o adscritas a ellas y los consorcios por ellas creados;
- participación: íntegramente pública o mixta;
- fines: redacción, gestión y ejecución de instrumentos de planeamiento; consultoría y asistencia técnica; prestación de servicios y actividad urbanizadora, ejecución de equipamientos, gestión y explotación de las obras resultantes;
- límites: nunca podrán directamente ejecutar materialmente las obras.

CONDICIONANTES LEGALES PARA LA EJECUCIÓN DEL PLANEAMIENTO

La fase o actividad de ejecución urbanística exigirá, con carácter previo, dos requisitos: Aprobación de la ordenación pormenorizada y de la modalidad de gestión. Asimismo, en el supuesto de necesidad de ejecutar obras de urbanización o actos de uso de suelo y actuaciones edificatorias, será necesario la aprobación de los correspondientes proyectos de urbanización y proyectos técnicos de obras.

Ordenación pormenorizada. Será precisa la aprobación definitiva del instrumento de planeamiento urbanístico correspondiente a cada clase de suelo para establecer su ordenación pormenorizada (Art. 78.1 de la LSCM)

La ordenación pormenorizada deberá incluir unas determinaciones temporales relativas a los plazos mínimos y máximos (Art. 78.2 de la Ley) para la:

- Ejecución de sectores y, en su caso, unidades de ejecución;
- Edificación de solares y rehabilitación y conservación de la edificación existente.

Modalidad de gestión urbanística: Determinación y clases. Como se comentó con anterioridad, a través de ella se efectúa la transformación del suelo (Art. 79 de la LSCM). Podrá llevarse a cabo mediante actuaciones integradas o actuaciones aisladas.

Respecto de las actuaciones integradas, haremos dos precisiones:

- Se aplicarán como regla general;
- Su definición consistirá en la delimitación de la unidad de ejecución y fijación del sistema de ejecución.

En cuanto a las actuaciones aisladas, sólo serán de aplicación en los siguientes supuestos:

– Infraestructuras, equipamientos y servicios públicos de las Administraciones Públicas ordenados en virtud de plan especial: obtención del suelo, urbanización, edificación y puesta en servicio.

– Ejecución de obras públicas ordinarias.

– En la edificación de suelo urbano consolidado, incluso cuando se necesiten obras accesorias de urbanización para adquirir la condición de solar. En este supuesto, el planeamiento lo deberá de prever específicamente.

DISTRIBUCIÓN EQUITATIVA DE BENEFICIOS Y CARGAS

QUÉ ES LA EQUIDISTRIBUCIÓN

Se trata de un principio de la ejecución urbanística y uno de los fines a cumplir. A través de la misma, se consigue repartir los aprovechamientos y las cargas y beneficios de forma equitativa entre todos los propietarios afectados comprendidos en determinados ámbitos territoriales delimitados previamente. (Art. 82.1 de la LSCM).

Premisa de cualquier equidistribución será que nos encontremos ante suelos de la misma clase y categoría, formalizándose la misma de diferentes formas según cuál sea la modalidad de gestión urbanística (Art. 82.2 de la LSCM):

QUÉ SON LAS ÁREAS DE REPARTO

Se trata de aquellos espacios físicos - también jurídicos en cuanto definidos y fijados por un instrumento urbanístico como son los planes generales - de carácter continuo o discontinuo, delimitados por los Planes Generales para suelo urbanizable sectorizado, con la finalidad de materializar la equidistribución del aprovechamiento antes mencionada. (Art. 84.1 de la LSCM)

La **delimitación** del área de reparto se efectuará siguiendo el criterio de incluir en un único área a la totalidad del suelo urbanizable sectorizado, integrado por el suelo incluido en los sectores y por los destinados a redes públicas exteriores (Art. 84.2 de la LSCM).

EL APROVECHAMIENTO UNITARIO

Cada área de reparto deberá tener asignado un valor de aprovechamiento unitario de reparto, que permitirá la equidistribución de todas las actuaciones de ejecución incluidas en el área.

Es, por tanto, el valor de referencia para la equidistribución, por lo que será el cociente de dividir la suma de todos los aprovechamientos urbanísticos totales de los usos globales de todos los sectores entre la superficie total del área de reparto (Art. 84.3 de la LSCM).

El valor del aprovechamiento unitario de reparto será también el que establezca el Plan de Sectorización para cada sector de suelo urbanizable no sectorizado, cuando sean delimitados los correspondientes sectores (Art. 84.4 de la LSCM).

REGLAS PARA LA GESTIÓN POR ÁREAS DE REPARTO EN SECTORES DE SUELO URBANIZABLE

(ART. 85 LSCM)

1. Los sectores del suelo urbanizable sectorizado delimitados por el Plan General materializará la equidistribución respecto al área de reparto con base en las siguientes reglas: (Art. 85.1 de la LSCM)
   a) En el supuesto de que el aprovechamiento unitario del sector sea **superior** al del área de reparto del conjunto del suelo urbanizable sectorizado, se conseguirá la igualdad entre los aprovechamientos unitarios mediante la incorporación a la actuación de los terrenos destinados a redes públicas necesarios mediante una de las siguientes formas:
      - Cesión al municipio y/o Comunidad de Madrid de los terrenos destinados en el planeamiento vigente a redes públicas generales y/o supramunicipales clasificadas como suelo urbanizable;
      - En el caso de inviabilidad o complejidad excesiva para el promotor de la obtención de los terrenos para la cesión anterior (deberá resultar acreditada), se sustituirá la parte no satisfecha en virtud de cesión mediante la compensación del equivalente económico.

   b) En el caso de que el aprovechamiento unitario del sector sea igual al del área de reparto del conjunto del suelo urbanizable sectorizado, se permitirá el desarrollo y ejecución de las unidades de ejecución existentes.

   c) En el caso de que el aprovechamiento unitario del sector sea inferior al del área de reparto del conjunto del suelo urbanizable sectorizado, los promotores podrán requerir la contribución a los costes de urbanización en la cuantía equivalente al valor del defecto de aprovechamiento por la Administración.

2. En el supuesto de sectores de suelo urbanizable delimitados posteriormente a través de un plan de sectorización, la aplicación de las áreas de reparto (en concreto, la correspondiente) se ajustará a las siguientes reglas (Art. 85.2 de la LSCM):
   a) En el supuesto de que el cociente del aprovechamiento urbanístico total del sector entre la superficie total del mismo y los terrenos exteriores destinados a redes públicas calificados por el plan de sectorización sea **superior** al aprovechamiento unitario del área de reparto del conjunto del suelo urbanizable sectorizado delimitada por el plan general, se conseguirá la igualdad entre los aprovechamientos mediante la incor-

poración a la actuación de los terrenos destinados a redes públicas necesarios mediante una de las siguientes formas:

- cesión al municipio y/o Comunidad de Madrid de los terrenos destinados en el planeamiento vigente a redes públicas generales y/o supramunicipales clasificadas como suelo urbanizable;
- en el supuesto de inviabilidad o complejidad excesiva para el promotor de la obtención de los terrenos para la cesión anterior (deberá resultar acreditada), se sustituirá la parte no satisfecha en virtud de cesión mediante la compensación del equivalente económico.

b) En el supuesto de que el cociente del aprovechamiento urbanístico total del sector entre la superficie total del mismo y los terrenos exteriores destinados a redes públicas calificados por el plan de sectorización sea **igual** al aprovechamiento unitario del área de reparto del conjunto del suelo urbanizable sectorizado delimitada por el plan general, se procederá al desarrollo, ejecución y equidistribución del sector mediante la cesión la cesión de los terrenos con destino público y vinculados a la actuación (cesión efectuada a través de proceso reparcelatorio interno).

LA REPARCELACIÓN

CONCEPTO

La reparcelación consiste, según el Art. 86.1 de la LSCM, en la transformación con finalidad equidistributiva de las fincas afectadas por la actuación y de los derechos sobre ellas para su adaptación al planeamiento urbanístico.

Con carácter general la transformación consistirá en la división de las fincas afectadas de conformidad con las previsiones planeamiento, previa su agrupación si fuere preciso, para ser de nuevo adjudicadas entre los titulares afectados según su derecho correspondiente.

Para la transformación se aplicará el criterio de proporción directa de los valores aportados a la reparcelación.

Con carácter PREVIO a la reparcelación será necesario resolver la equidistribución de la unidad de ejecución con respecto al área de reparto en el que esté incluido. En el supuesto de que la unidad de ejecución tenga exceso de aprovechamiento, en la reparcelación se deberán tener en cuenta los siguientes criterios (Art. 86.2 LSCM):

- Si la equidistribución exterior se ha efectuado total o parcialmente asingnando a la unidad de ejecución terrenos destinados a redes públicas supramunicipales o generales, deberán incluirse las fincas en el proyecto de reparcelación e integrarse en la unidad de ejecución;
- Si la equidistribución exterior se ha efectuado totalmente o parcialmente determinando un valor económico a abonarse a la Administración, la cuan-

tía se imputará como carga a distribuir internamente en la reparcelación entre todas las fincas.

CARACTERÍSTICAS:

1. El suelo objeto de cualquier reparcelación será siempre una unidad de ejecución completa. (Art. 86.2 de la Ley).
2. La delimitación de la unidad de ejecución determina la suspensión de licencias hasta que se apruebe el proyecto de reparcelación.
3. En las actuaciones aisladas o integradas cuya ejecución corresponde a un único sujeto, podrá sustituirse la reparcelación por un convenio entre aquél y la Administración actuante.
4. La reparcelación podrá llevarse a cabo de forma voluntaria o forzosa.
5. La finalidad de la reparcelación podrá ser (Art. 86.3 de la LSCM):

Regularizar urbanísticamente la configuración de las fincas;

a) Adjudicar a la Administración correspondiente los terrenos objeto de cesión obligatoria y gratuita o edificables que legalmente le correspondan;
b) Materializar la distribución de beneficios y cargas derivados de la ordenación urbanística;
c) Localizar el aprovechamiento urbanístico y edificabilidad en suelo apto para la edificación;
d) Adjudicar las fincas resultantes a propietarios o afectados en proporción a su participación;
e) Subrogación en el patrimonio de los propietarios de las fincas iniciales por las fincas resultantes o valor económico sustitutivo.

CRITERIOS (ART. 87 LSCM):

PRIMERO.– Los bienes y derechos de las fincas aportadas deberán ser valorados por los criterios voluntariamente acordados por los propietarios afectados o, subsidiariamente, por los previstos en la legislación general pertinente. (Art. 87.1.a de la LSCM).

La adopción de criterios voluntariamente por los propietarios afectados estará sujeta a los siguientes requisitos:

- Mayoría absoluta de los propietarios afectados;
- No infracción ni vulneración de la Ley u ordenación urbanística aplicable, ni lesivos a derechos de terceros o interés público. Los criterios adoptados por la mayoría, por consiguiente, serán nulos si vulneración los límites reseñados.

SEGUNDO.– El aprovechamiento, edificabilidad materializable o derecho susceptible de ser materializado en las fincas adjudicadas por los propietarios deberá ser proporcional al derecho de los adjudicatarios en función de sus aportaciones a la gestión y ejecución del planeamiento.

Respecto de la superficie aportada debe anotarse que en el supuesto de contradicción entre la superficie de los títulos y la de la realidad física prevalecerá esta última.

TERCERO.– Las fincas resultantes deberán ser valoradas con criterios: a) objetivos y generales para toda la unidad de ejecución; b) de conformidad con uso y edificabilidad; c) en función de la situación, características, grado de urbanización y destino de las edificaciones.

CUARTO.– Que las fincas adjudicadas resultantes estén situadas en un lugar próximo al de las antiguas propiedades de los titulares. El incumplimiento del criterio deberá justificarse.

En el supuesto de imposibilidad del criterio de proximidad, la adjudicación podrá corregirse ponderando los valores en atención a la localización, uso y calificación de las fincas adjudicadas.

QUINTO.– En los supuestos en que los derechos del beneficiario de la reparcelación no alcance o excedan para la adjudicación de una o varias fincas resultantes como independientes, podrá sustituirse el defecto o exceso por dinero.

SEXTO.– Las plantaciones, instalaciones, construcciones y usos legalmente existentes que no puedan conservarse deberán ser valoradas con independencia del suelo y su importe satisfacerse a los propietarios interesados con cargo al proyecto, en concepto de gastos de urbanización.

En el supuesto de no necesidad de derribo o destrucción la indemnización será improcedente.

Para recurrir o impugnar las indemnizaciones fijadas será necesaria, con carácter general, prueba en contrario de los criterios explicitados por los redactores del instrumento de equidistribución y, especialmente, prueba pericial.

SÉPTIMO. Las fincas resultantes podrán ser adjudicadas, aplicando los criterios mencionados anteriormente, en los siguiente términos o condiciones:

- Con la superficie precisa para soportar la edificabilidad o cubrir el valor de indemnización sustitutoria del propietario y afectando la superficie al pago de las cargas de urbanización;
- Con la superficie precisa para soportar la edificabilidad o cubrir el valor de indemnización sustitutoria del propietario previa deducción del valor de las cargas de urbanización.

PROCEDIMIENTO (ART. 88 LSCM)

INICIACIÓN

Se inicia de oficio o a instancia de parte, acompañada de la documentación necesaria.

Como acto preparatorio o previo a la aprobación de la reparcelación debe resaltarse que la delimitación de la unidad de ejecución (Art. 86.2 de la LSCM) tendrá como efecto la prohibición de otorgar licencias de parcelación, edificación y cambio de uso sobre los terrenos objeto de la reparcelación. Esta suspensión durará hasta que la operación reparcelatoria sea firme en vía administrativa.

Formulación e inicio. Son técnicos competentes para su redacción, (STS de 28 de mayo de 2004, Sección 5ª), los licenciados en derecho y arquitectos técnicos. El inicio del procedimiento podrá efectuarse de oficio o a instancia de interesado con la documentación técnica necesaria.

INSTRUCCIÓN

1. Información pública . Exposición al público del proyecto de reparcelación durante un plazo mínimo de veinte días mediante anuncio público. El incumplimiento de la información pública dará lugar, con carácter general, a la anulación del proyecto, salvo ausencia de indefensión.

La **falta de audiencia** del interesado tiene como efecto la anulación del proyecto de reparcelación. La STS de 16-1-2002 declara la indefensión y anulación por defectos en notificación.

2. Acreditación de titularidad y situación de las fincas iniciales. Se acreditará mediante certificación de dominio y cargas del Registro de la Propiedad.

3. Audiencia a titulares registrales no tenidos en cuenta al elaborar el proyecto expuesto al público y a afectados por modificaciones tras la información publica. Son dos los supuestos que exigen este trámite de audiencia:

- aparición o conocimiento, tras la recepción de los certificados registrales o actas de notoriedad, de titulares registrales no considerados en el proyecto expuesto al público;
- nuevos afectados, o modificación de su afectación, por el proyecto tras la información pública.

El régimen de la audiencia consistirá en notificación individual a los titulares o afectados.

RESOLUCIÓN

El proyecto de reparcelación deberá se aprobado, según el At. 88.1.4ª LSCM, en los suestos de iniciativa privada, en el plazo de dos meses desde la presentación de la totalidad de la documentación o, en su caso, cumplimiento del requerimiento para la subsanación de deficiencias (el requerimiento sólo podrá ser único y en el plazo de quince días desde la presentación). El transcurso del plazo sin notificación de resolución expresa tendrá efecto **positivo**.

La adopción del acuerdo de aprobación por órgano incompetente tendrá como efecto la anulación del acuerdo (salvo subsanación en el caso de incompetencia jerárquica).

EFECTOS

La aprobación del proyecto de reparcelación producirá los siguientes efectos:

A. Inscripción en el Registro. En el supuesto de las reparcelaciones voluntarias (Art. 88.2 de la LSCM), la inscripción en el Registro se efectuará presentando la escritura pública correspondiente con la certificación del acuerdo municipal (si existe) o la acreditación del acto presunto de conformidad con la legislación de régimen jurídico de las administraciones públicas.

B. Cesión o transmisión a la Administración correspondiente, en pleno dominio y libres de cargas, de los terrenos de cesión obligatoria, bien para su incorporación al patrimonio de suelo o bien para su afectación a los usos que determine el plan de ordenación urbanística. En este sentido, por ejemplo, se ha pronunciado el TS en SS. de 11-5-1993 y de 17-10-2000.

C. Subrogación, con plena eficacia real, de las antiguas parcelas por las nuevas parcelas. Deberá quedar establecida su correspondencia.

D. Afectación real de las parcelas adjudicadas al cumplimiento de las cargas y al pago de los gastos inherentes al sistema de reparcelación.

E. Desde el régimen tributario, tanto las adjudicaciones de terrenos como las indemnizaciones sustitutorias derivadas de la reparcelación, siempre y cuando se efectúen a favor de los propietarios o titulares afectados, gozarán de exenciones y bonificaciones en los impuestos relativos a actos documentados y transmisiones patrimoniales (Art. 88.3 de la LSCM).

LA REPARCELACIÓN ECONÓMICA (ART. 89 LSCM)

La reparcelación económica, según el Art. 89.1 de la LSCM, sólo podrá ser de aplicación cuando concurra uno de los siguientes supuestos:

- Circunstancias de edificación, construcción u otra circunstancia similar en los terrenos de la unidad hagan impracticable o muy difícil la reparcelación material en al menos el 20% de la superficie total de la unidad (en este sentido, la STS de 20 de junio de 1989 recuerda su carácter subsidiario). Deberá justificarse que tales circunstancias dificultan mucho o hacen imposible la reparcelación material y la superficie afectada;
- Acuerdo de los propietarios que representen el 50% de la superficie total de la unidad de ejecución. Deberá existir el acuerdo.

Contenido o determinaciones (Art. 89.2 de la LSCM)

- Fijación de indemnizaciones sustitutorias
- Rectificaciones en la configuración y linderos de fincas o parcelas inciales
- Adjudicaciones a favor de los beneficiarios
- Redistribución de los terrenos en los que no concurra la imposibilidad o dificultad de la reparcelación material

OBTENCIÓN DE LAS REDES PÚBLICAS

Las formas de obtención de los terrenos que sean integrantes de las redes públicas de infraestructuras, equipamientos y servicios se adquirirán, con carácter general, por los siguientes procedimientos:

- Cesión libre gratuita
- Ocupación directa
- Permuta forzosa
- Expropiación

1. CESIÓN GRATUITA (ART. 91 LSCM)

EN SUELO URBANO

Mediante cesión libre, gratuita y URBANIZADA en actuaciones integradas: redes públicas locales: 30 m2 suelo / 100 m2 construidos.

Mediante cesión libre, gratuita y urbanizadas, las conexiones y redes generales adscritos, en la propiedad establece en el art. 36.5, es decir, 70 m2 de suelo por cada 100 m2 construidos.

EN SUELO URBANIZABLE

Mediante cesión libre, gratuita y URBANIZADA en actuaciones integradas: redes públicas locales.

Para el sistema de redes públicas supramunicipales, deberá ser cedido gratuitamente y libre de cargas a la Comunidad de Madrid en cuantía de 20 metros cuadrados por cada 100 metros cuadrados construidos de cualquier uso, excepto el industrial. Esta cesión deberá ajustarse, asimismo, a las siguientes reglas o normas:

– En el supuesto de que no existan adscritos al sector o unidades de ejecución terrenos en superficie suficiente para cumplir la cesión destinados a redes públicas supramunicipales, el promotor podrá cumplir la cesión:

1° Adquiriendo y cediendo a la Comunidad de Madrid la superficie que falta de terreno en el mismo área de reparto.

2° En aquellos supuestos en los que no sea posible el cumplimiento del deber de cesión en la forma indicada en el apartado anterior, adquiriendo y cediendo a la Comunidad de Madrid terreno situado en otro sector e incluso en otro municipio distinto a los del sector o unidad de ejecución, y cuyo valor económico sea equivalente al de la superficie de suelo que falta.

3° Con carácter subsidiario, abonando a la Comunidad de Madrid el valor económico equivalente a la superficie que falta.

2. OCUPACIÓN DIRECTA (ART.92 LSCM)

Se entiende por ocupación directa la obtención de terrenos destinados por el planeamiento a redes públicas de infraestructuras, equipamiento y servicios públicos, mediante el reconocimiento a su titular del derecho a integrarse en un ámbito de actuación, sector o unidad de ejecución en le que el aprovechamiento urbanístico total permitido por el planeamiento exceda del aprovechamiento que corresponda a sus propietarios.

Procedimiento

A. Publicación (al menos en el Boletín Oficial correspondiente) de la relación de terrenos y propietarios afectados, aprovechamientos que les correspondan y el sector o unidad de ejecución en el que se materializarán sus derechos. La falta de publicación y realización de la relación tendrá el efecto de anular el procedimiento.

B. Notificación a los propietarios y titulares de derechos de contenido económico afectados de la ocupación prevista y restantes circunstancias.

C. Ocupación mediante acta en el que consten como mínimo:
   - Lugar y fecha del otorgamiento
   - Administración actuante;
   - Identificación de los titulares de los terrenos a ocupar y situación registral;
   - Superficie a ocupar y aprovechamiento que le corresponda;
   - Sector o unidad de ejecución donde se materilizará el aprovechamiento.
     - En el supuesto de propietarios desconocidos, no comparecientes, incapacitados sin persona que les represente o terrenos de propiedad litigiosa, las actuaciones se realizarán con el ministerio fiscal.
     - Expedición de certificación por el municipio a favor de cada propietario de terreno ocupado de los extremos del acta de ocupación y remisión de la misma al Registro de la Propiedad para su inscripción.

3. MEDIANTE PERMUTA FORZOSA (ART. 93 LSCM)

Los terrenos o parcelas destinados a redes públicas de infraestructuras, equipamientos y servicios públicos podrán ser adquiridos mediante su permuta forzosa con otras fincas o terrenos que pertenezcan al patrimonio público del suelo y que se encuentren incluidos en el ámbito de actuación o área de reparto que sea de características adecuadas para servir de soporte al aprovechamiento urbanístico que corresponda subjetivamente a su propietario, salvo que por éste se acepte voluntariamente la entrega de terrenos que no cumplan este requisito. (Art. 93.1 de la LSCM).

Requerirá previamente las siguientes concreciones o determinaciones (Art. 93.2 de la LSCM):

– El aprovechamiento urbanístico correspondiente al propietario afectado;

– Los terrenos integrados en el patrimonio público de suelo que vayan a ser objeto de permuta. Estos terrenos deberán estar incluidos en el ámbito de actuación o área de reparto y, salvo aceptación expresa en contrario por el propietario, de las características pertinentes para asumir el aprovechamiento que le correspondía al propietario;

– Indemnización en metálico, en su caso, correspondiente al aprovechamiento que no pueda ser materializado en la parcela permutada.

El procedimiento de la permuta será el mismo que el de ocupación directa, si bien en el acta se describirán también los terrenos del patrimonio público objeto de la permuta y la indemnización complementaria que, en su caso, deba abonarse, así como el momento de su pago (Art. 93.3 de la LSCM).

4. EXPROPIACIÓN FORZOSA (SOBRE ESTA MATERIA, VER TEMA IX. EXPROPIACIÓN)

EJECUCIÓN DE LAS REDES PUBLICAS

POR LOS PROPIETARIOS O PROMOTORES

Actuaciones integradas. El abono del coste de la ejecución de la urbanización (y, en su caso, incluso la ejecución) de los terrenos destinados por el planeamiento a redes públicas de infraestructuras, equipamientos y servicios y objeto de cesión obligatoria y gratuita será obligación de los propietarios y/o promotores de los ámbitos de actuación, sectores o unidades de ejecución (Art. 95.1 LSCM).

La Administración podrá ejecutar directamente la urbanización (siempre y cuando se justifique la conveniencia para la funcionalidad de la red), sin perjuicio de que el coste se abone por los propietarios, según establece el Art. 95.2 de la LSCM.

POR LA ADMINISTRACIÓN

Actuaciones no integradas. La ejecución de las obras de urbanización de los terrenos destinados a redes públicas en estos supuestos corresponderá a la Administración competente, aplicándose las determinaciones sustantivas, temporales y de gestión previstas en el planeamiento (Art. 95.3 de la Ley).

Corolario lógico de las obligaciones de los propietarios y del régimen de las redes públicas es que tanto las obras de edificación de las mismas como aquellas que excedan de las de urbanización corresponderán siempre a la Administración competente, independientemente de la forma en que se hayan obtenido los terrenos. (Art. 95.4 de la LSCM).

CESIÓN DE LA PARTICIPACIÓN DE LA COMUNIDAD EN LAS PLUSVALÍAS (ART. 96 LSCM)

En los ámbitos de actuaciones, sectores o unidades de ejecución, habrá de cederse al Municipio, libre y gratuitamente, terrenos urbanizados en los que se materialice y localice la participación de la comunidad en las plusvalías generadas por el planeamiento.

La forma de hacerse efectiva será la siguiente (Art. 96 aps. 2 y 3 LSCM):

- Terrenos. Con las dimensiones y condiciones de ordenación que sean conformes o adecuadas para albergar el 10% del producto del coeficiente de edificabilidad o del aprovechamiento unitario del área de reparto por la superficie del sector o unidad de ejecución correspondiente. La cesión se producirá en las condiciones o términos previstos para cada sistema de ejecución.
- Equivalente económico. En supuestos de imposibilidad justificada de cesión de terrenos y aceptación por la administración, se sustituirán por el equivalente económico de su valor.

El destino de los terrenos o del equivalente económico será el mismo, por su integración, de los bienes y derechos del patrimonio municipal de suelo.

OBRAS Y CARGAS DE URBANIZACIÓN (ART. 97 LSCM)

Serán, con carácter general, abonados por los propietarios del ámbito de actuación, sector o unidad de ejecución o de la actuación edificatoria.

Las cargas o costes tendrán carácter real (Art. 97.1 de la LSCM) e incluirán las siguientes obras (Art. 97.2 de la LSCM):

- Obras de vialidad, como construcción y encintado de aceras y canalizaciones. Estas obras deberán estar incluidas en el planeamiento y proyectos de urbanización, no pudiendo incluirse aquéllas que excedan del interés del sector o unidad.
- Obras de saneamiento, como colectores generales y parciales, acometidas, alcantarillas...
- Obras para el suministro de agua (incluidas captación, distribución domiciliaria de agua potable, riego...)
- Obras de suministro de energía eléctrica (incluidas conducción y la distribución de ésta, de alumbrado público...)
- Obras de jardinería y arbolado, amueblamiento para parques, jardines, plazas y vías públicas.
- Redacción técnica y anuncios preceptivos durante el procedimiento administrativo del planeamiento de desarrollo y proyecto de urbanización.
- Gastos de reparcelación o compensación y de gestión del sistema.

- Indemnizaciones a favor de propietarios o titulares de derechos (arrendamientos, por ejemplo) relativos a edificios y construcciones a demoler por ejecución del planeamiento y destrucción de plantaciones, obras e instalaciones exigidos para la ejecución de los planes. (En el supuesto de no necesidad, indemnización improcedente; STSJ de Andalucía de 5-11-2002).
- Obras de infraestructura y servicios exteriores a la unidad de ejecución necesarias. En este sentido, STS de 12 de mayo de 2004.
- Gastos de control de calidad de la urbanización;
- Otros gastos expresamente asumidos.

Debe precisarse (Art. 97.3 de la LSCM), que los propietarios o, en su caso, las personas que asuman la realización de la urbanización podrán reintegrarse de los gastos de primer establecimiento y mantenimiento de los servicios de abastecimiento de agua potable, suministro de energía eléctrica y telecomunicaciones con cargo a las entidades concesionarias o prestadoras de los servicios, de conformidad con la reglamentación o condiciones de prestación (en este sentido, SSTS de 16 de febrero de 2002, Secc. 5ª y de 25 de mayo de 2005, Secc. 3ª).

GESTIÓN MEDIANTE UNIDADES DE EJECUCIÓN

DISPOSICIONES BÁSICAS

Las unidades de ejecución son los ámbitos territoriales para llevar a cabo la ejecución y gestión urbanística integrada; el ámbito sobre el que se ejecuta el planeamiento (Art. 98.1 de la LSCM).

Debemos concluir que se exceptúan de la actuación mediante unidad de ejecución las siguientes (Art. 98.2 de la LSCM):

- Ejecución de planes especiales de redes de infraestructuras, equipamientos y servicios públicos de la Comunidad de Madrid.
- Ejecución de obras públicas ordinarias.
- Actuaciones edificatorias en suelo urbano consolidado, si así se establece por el propio planeamiento y aunque requieran la realización de obras accesorias de urbanización para que las parcelas se conviertan en solar.
- Ejecución de ámbitos de actuación y sectores con una única unidad de ejecución.

Momento y procedimiento de la delimitación de unidades de ejecución

La delimitación de las unidades de ejecución podrá efectuarse (art. 100.1 de la Ley):

- en el planeamiento urbanístico. El procedimiento, por consiguiente, será el del propio instrumento de planeamiento.
- en momento posterior. En este supuesto, los trámites serán los siguientes:
  a) inicio por el Ayuntamiento de oficio o a instancia de parte;

b) aprobación inicial, información pública y audiencia a los propietarios y titulares de derechos afectados (previa notificación personal) por plazo de veinte días (reiteramos que el incumplimiento del presente requisito conllevará la anulación o retroacción del procedimiento salvo que nos encontremos ante un defecto parcial, número de días inferior, que ni cause indefensión, ni impida alcanzar el fin al último acto);
c) aprobación por el Ayuntamiento (en el supuesto de procedimientos iniciados a instancia de parte el plazo máximo para la resolución por el Ayuntamiento será de cuatro meses, con efecto desestimatorio en el supuesto de falta de resolución);
d) publicación en el Boletín Oficial de la Comunidad de Madrid.

MODIFICACIÓN DE LA DELIMITACIÓN

La modificación de la delimitación (incluso la establecida directamente por los instrumentos de planeamiento) se sujetará a los trámites descritos para la delimitación en «momento posterior».

REQUISITOS EN LA DELIMITACIÓN DE LAS UNIDADES DE EJECUCIÓN

Las unidades se delimitarán cumpliendo inexorablemente una serie de requisitos formales y otros sustantivos.

Respecto de los requisitos **formales**, la delimitación deberá efectuarse (art. 98.1 de la Ley):

a) determinando específicamente el perímetro correspondiente del suelo afectado, quedando inequívocamente fijado, y
b) eligiendo, asimismo, el sistema de ejecución.

En cuanto a los requisitos **sustantivos** (art. 99.2 de la Ley):

- Espacio cerrado de carácter continuo o discontinuo.
- Identidad de ámbito de actuación o sector (los terrenos deberán pertenecer al mismo ámbito de actuación o sector);
- Diferencias de aprovechamiento unitario entre unidades de ejecución del mismo ámbito de actuación o sector no superior al 15%;
- Idoneidad técnica, viabilidad económica y capacidad de garantizar el realojo de los ocupantes legales con derecho al realojo.

TEMA IX. SISTEMAS DE EJECUCIÓN DEL PLANEAMIENTO. EXPROPIACIÓN Y EJECUCIÓN FORZOSA

1. SISTEMAS DE EJECUCIÓN

SISTEMAS DE EJECUCIÓN	• Los sistemas pueden ser de ejecución pública o privada • El sistema se determinará: - Por el Planeamiento. - Mediante su inclusión en el procedimiento sobre la delimitación de la unidad de ejecución. • La EJECUCIÓN PRIVADA del planeamiento en actuaciones integradas, será por el sistema de COMPENSACIÓN • La EJECUCIÓN PUBLICA del planeamiento en actuaciones integradas, salvo que tenga por objeto obras públicas ordinarias se llevará a cabo por: - Sistema de COOPERACIÓN - Sistema de EXPROPIACIÓN - Sistema de EJECUCIÓN FORZOSA • Los propietarios de suelo podrán PARTICIPAR, en todo caso, en la gestión de los diferentes sistemas, mediante constitución de ENTIDADES.

ELECCIÓN DEL SISTEMA (art.102)	Debemos distinguir el momento o procedimiento de elección y los requisitos a ponderar. El **momento y procedimiento de la elección** será (Art. 101.1 de la LSCM) el de la aprobación del planeamiento urbanístico o, en su caso, por el procedimiento de delimitación de las unidades de ejecución. **La elección del sistema deberá ponderar** o valorar (Art. 102 de la LSCM): La coherencia con la política urbanística de la Administración; Las circunstancias concurrentes en el supuesto, concretamente: i. objetivos a alcanzar con la actuación; ii. necesidades colectivas a cubrir o satisfacer; iii. medios económicos disponibles; iv. capacidad de gestión de la Administración. Lo más importante será la necesidad de justificar la elección. Los propietarios de suelo podrán PARTICIPAR, en todo caso, en la gestión de los diferentes sistemas, mediante constitución de ENTIDADES.

SUSTITUCIÓN DEL SISTEMA DE COMPENSACIÓN	El régimen de sustitución del sistema de actuación por compensación por un régimen de ejecución pública (acordada de oficio) se ajustará a los siguientes regímenes (art. 103.1 de la Ley) dependiendo del supuesto habilitante: A. **Desistimiento** de la iniciativa beneficiaria de la ejecución. En este supuesto el desistimiento deberá efectuarse, en todo caso y para su validez, en el plazo de los dos meses siguientes a la notificación de la resolución municipal pertinente. B. **Transcurso del doble de los plazos** establecidos por el legislador para la iniciativa de los propietarios para acometer la ejecución del ámbito de actuación, sector o unidad de ejecución. En este supuesto la resolución de la Administración estableciendo el cambio de sistema deberá ser notificada a todos los propietarios y publicada en el Boletín Oficial de la Comunidad Madrid. C. **Incumplimiento de los deberes**, obligaciones y compromisos del sistema de compensación siempre y cuando impidan o dificulten la conclusión de la ejecución y perjudiquen gravemente el interés público o los intereses legítimos de terceros. El procedimiento de declaración de incumplimiento deberá tener como trámite previo la audiencia a interesados e información pública durante plazo mínimo de veinte días. Debemos reseñar que el procedimiento podrá terminarse en virtud de convenio en el que se incluya la continuación del proceso urbanizador y edificatorio (en las condiciones que se pacten) de las personas habilitadas para la ejecución y propietarios del suelo que así lo deseen. D. **Infracción urbanística muy grave** o dos o más infracciones graves en el desarrollo de la actividad de ejecución. La infracción o infracciones deberán haberse declarado en virtud de resolución o resoluciones sancionadoras firmes. Será regla común a todos los supuestos de sustitución que se perderán las garantías constituidas en su momento a favor del Ayuntamiento.

2. EXPROPIACIÓN URBANÍSTICA

Como ya se apuntó con anterioridad, la Administración aplica este sistema a todos los bienes y derechos incluidos en el ámbito de actuación, sector o unidad/es de ejecución (Art. 117.1 de la LSCM) y, posteriormente, realiza las obras de urbanización y, en su caso, edificación.

CARACTERÍSTICAS

La administración actuante expropia la totalidad de los bienes y derechos incluidos en el ámbito de actuación, sector o unidad / unidades de ejecución y realiza las obras de urbanización, y en su caso de edificación. La administración debe de acreditar tener medios para hacer frente a la expropiación.

La relación de propietarios y descripción de los bienes y derechos (de conformidad con la LEF) se efectuará junto con la delimitación de la unidad de ejecución, tomando como referencia los datos que resulten de los registros públicos (Art. 117.2 de la LSCM).

Los bienes de dominio público se identificarán, relacionarán y describirán, por el contrario, de forma separada e independiente (Art. 117.3 de la LSCM).

FORMAS DE GESTIÓN

El sistema de ejecución consistente en la expropiación podrá gestionarse, fijándose en la resolución que determine el sistema de expropiación, por gestión directa e indiferenciada, a través de entidad de derecho público dependiente o adscrita, encomienda previa suscripción de convenio de colaboración o atribución a concesionario (Art. 118.2 de la LSCM).

Gestión directa o indiferenciada

La gestión directa consistirá en cualquiera de las fórmulas de gestión directa previstas en la legislación administrativa.

Entidad de derecho público dependiente de la administración o a ella adscrita

La Administración actuante podrá gestionar la ejecución de la expropiación a través de cualquier entidad de derecho público de ella dependiente o que le esté adscrita.

Encomienda previa suscripción de convenio de colaboración

La Administración actuante podrá encomendar la gestión a otra Administración pública territorial o entidad de derecho público dependiente o adscrito a ella previa suscripción de convenio de colaboración.

Concesionario

La gestión del sistema de expropiación se efectuará mediante concurso que estará sujeto a la legislación reguladora de la Administración actuante y a las siguientes reglas específicas (Art. 119 de la LSCM):

- La Administración elaborará un pliego de condiciones para la adjudicación que determinará (sujetándose al planeamiento urbanístico legitimador):
  - Las características técnicas, jurídicas y económicas de la actuación a ejecutar.

- Los compromisos y obligaciones de los adjudicatarios en su condición de urbanizadores.

– Los propietarios afectados que participen agrupados en entidad urbanística de urbanización (constituida o en fase de constitución) y representando como mínimo el 50% de la superficie total gozarán de derecho preferente a la adjudicación si igualan la oferta más ventajosa presentada. Las entidades urbanísticas que constituyan tendrán la condición de entidades urbanísticas colaboradoras, pudiendo participar los propietarios y terceras personas que contribuyan a la financiación de la urbanización o asuman la realización de las obras como contratistas.
– La adjudicación podrá realizarse conjuntamente a dos o más oferentes (previo acuerdo entre ellos aceptado por la Administración) cuando sean las ofertas más ventajosas.
– La adjudicación se formalizará en convenio urbanístico.
– El concesionario podrá incorporar en cualquier momento a la gestión a los propietarios (en las condiciones que pacten) siempre y cuando solicite resolución favorable de la Administración de liberación del bien o bienes correspondientes de la expropiación. Los pactos no alterarán las condiciones, en ningún caso, de la concesión.
- Puede considerarse que el concesionario tendrá condición de promotor.

JUSTIPRECIO

Respecto de los criterios de valoración a efectos de justiprecio, son de aplicación los contenidos en el Estado, por lo que vendrá determinado por los criterios de la Ley de Expropiación Forzosa.

PAGO DEL JUSTIPRECIO (ART. 121.2 DE LA LSCM)

- Con carácter general, en metálico
- Mediante adjudicación de otras fincas, parcelas o solares, no necesariamente localizadas en la unidad de ejecución, pertenecientes al beneficiario de la expropiación.
- En caso de desacuerdo en la valoración de la finca, se podrá acudir al Jurado Territorial de Expropiación para que fije con carácter definitivo el valor de la adjudicada en pago.
- Justiprecio de mutuo acuerdo: entre la Administración y el expropiado: será posible en cualquier momento anterior a la fijación definitiva en vía administrativa del justiprecio.

PROCEDIMIENTO DE LA EXPROPIACIÓN (ART 123 LSCM)

Conforme a la legislación de Expropiación Forzosa podrá aplicarse:

- Procedimiento individualizado.
- Tasación conjunta.

DISPOSICIÓN ANTICIPADA DE PARCELAS (ART 124 LSCM)

La Administración o entidad pública actuante y el concesionario promotor previa autorización podrá con las parcelas resultantes a partir de la conclusión del procedimiento expropiatorio:

- Ceder.
- Permutar.
- Enajenar.

Siempre que se garantice la total ejecución por el adquirente de las obras de urbanización y edificación pendientes.

EJECUCIÓN DE LA URBANIZACIÓN

Distinguiremos entre la urbanización estrictamente, la cesión obligatoria y gratuita de terrenos a las Administraciones y la edificación de las parcelas.

Con relación a la **ejecución** (Art. 120.1 de la LSCM):

- Deberá ser efectuada en los plazos previstos o incluidos en el planeamiento que se ejecuta y legitimador de la expropiación.
- El responsable, dependiendo de la forma de gestión utilizada, será la Administración actuante, la entidad que en virtud de encomienda sea la encarga de la gestión o el concesionario promotor.

Con relación a la **cesión obligatoria y gratuita de terrenos** a las Administraciones, una vez finalizada la expropiación deberán ponerse a disposición del Municipio y de la Comunidad de Madrid los terrenos que sean objeto de cesión obligatoria y gratuita conforme al planeamiento, libres de cargas, gravámenes y ocupantes. (Art. 120.2 de la LSCM).

La **edificación de las parcelas** resultantes podrá realizarse ante de la finalización de las obras, asegurando como mínimo la realización simultanea de las que sean necesarias para que cada parcela adquiera la condición de solar.

LIBERACIÓN DE LA EXPROPIACIÓN (ART 122.1 LSCM)

Previa solicitud del interesado / concesionario promotor, la Administración actuante podrá liberar de la expropiación determinados bienes o derechos, mediante la imposición de las condiciones urbanísticas que procedan para asegurar la ejecución del planeamiento.

Es requisito necesario que los bienes excluidos no impidan los objetivos de la actuación.

La Administración valorará la solicitud y deberá resolverla motivadamente.

Requisitos y procedimiento:

- Solicitud. Deberá contener:
    - Exposición razonada de los motivos en que se fundamente (en concreto, la compatibilidad entre el mantenimiento del bien o bienes inmuebles o derechos y la ordenación urbanística aplicable y su ejecución)
    - Especificación de los deberes legales vinculados al proceso urbanizador y a los que estén afectados los bienes y derechos pendientes de cumplimiento; las condiciones resolutorias de la liberación en el supuesto de incumplimiento de los términos de la misma y las garantías a prestar para el cumplimiento.
- Resolución final estimatoria con el siguiente contenido (su incumplimiento llevará como efecto la invalidez del acto), (Art. 122.3 de la LSCM):
    - o Bienes y derechos liberados
    - o Términos y condiciones de vinculación de los bienes y derechos al proceso urbanizador y edificatorio
    - o Garantías a prestar por el beneficiario para asegurar el cumplimiento de los términos y condiciones
- Aceptación expresa de las condiciones impuestas al beneficiario e inscripción en el Registro de la Propiedad. La aceptación, e inscripción en el Registro, afectará a la eficacia de la resolución.

Incumplimiento del propietario. El incumplimiento de las obligaciones con origen en los términos y condiciones establecidas facultará a la Administración o entidad pública actuante (a solicitud, en su caso, del concesionario) a elegir entre el régimen de sustitución o la expropiación por incumplimiento de la función social de la propiedad con pérdida en favor de la Administración de las garantías prestadas (Art. 122.4 de la LSCM).

3. EJECUCIÓN FORZOSA

CONCEPTO

La Administración actuante, realiza esta ejecución en sustitución, por cuenta y a cargo de la entidad o persona que fueran responsables de la ejecución hasta el momento de la imposición del sistema de ejecución forzosa. (Art. 125.1 de la LSCM)

GESTIÓN

La gestión será en todo caso directa por la Administración mediante encomienda a sociedad mercantil (Art. 126.1 de la LSCM).

La **sociedad mercantil** encomendada deberá ser:

- De capital público propia de la Administración actuante o de las otras Administraciones públicas de la Comunidad de Madrid;
- Constituida al efecto con la exclusiva finalidad de gestionar la ejecución forzosa. En este supuesto, la sociedad podrá ser de capital mixto y, asimismo, podrán participar los propietarios de terrenos incluidos en el ámbito de actuación, sector o unidad.

Debemos resaltar, por último, que la sociedad mercantil objeto de la encomienda gozará del carácter o condición de entidad gestora (Art. 126.2 de la LSCM) y contratará la ejecución de las obras de urbanización y edificación con empresarios privados (sujetándose en su actuar a la legislación en materia de contratación administrativa).

SUPUESTO Y PROCEDIMIENTO DE APLICACIÓN

El **supuesto** habilitante para aplicar el sistema de ejecución forzosa consistirá en el incumplimiento de cualquiera de los deberes legales y obligaciones derivadas del sistema de compensación (Art. 125.2 de la LSCM). Es decir, el sistema de ejecución forzosa se aplicará en sustitución del sistema de compensación y, en concreto, en el supuesto de que se **hayan incumplido sus obligaciones y deberes** (incluidos los referidos a plazos).

Respecto del **procedimiento** de aplicación, se prevé la necesidad de un procedimiento previo en el que **deberá oírse** a la entidad o persona responsable y, en todo caso, a los propietarios.

En aplicación de la Ley 30/1992, de 26 de noviembre , debería consistir en una **incoación del procedimiento justificada** en los supuestos que lo habilitan, una **audiencia** y trámite de **alegaciones** y **pruebas** a la entidad o persona responsable y propietarios y, por último, la **resolución final** del procedimiento.

RESOLUCIÓN. REQUISITOS FORMALES Y EFECTOS

Requisitos formales (Art. 127 punto 1 y 2 de la LSCM).

A) Motivar y establecer con toda precisión:
- **Incumplimientos** apreciados
- Contenido y alcance de los deberes y **obligaciones** pendientes de cumplimiento
- **Instrumentos de ejecución** del planeamiento y proyectos cuya formulación sea necesaria para finalizar la ejecución de la actuación
- **Obras** de urbanización y edificación pendientes de ejecución, coste previsto de éstas y de la gestión del sistema y plazo de desarrollo
- **Suelo** edificable necesario para sufragar los costes del sistema y las obras de urbanización.

B) Podrá adoptarse mediante:

- Convenio o acuerdo con los propietarios y personas responsables de la ejecución que aunque se sustituya el sistema **interesen continuar** incorporados al proceso de ejecución;
- Convenio o acuerdo con **todos** los propietarios afectados y las demás personas incorporadas o responsables de la gestión del sistema de ejecución sustituido.

Efectos (Arts. 125.3 y 127.3 de la LSCM).

1. Afectación legal de los terrenos, construcciones, edificaciones y derechos al cumplimiento del sistema, siendo inscribible en el Registro de la propiedad en virtud de nota marginal;
2. Facultará a la Administración para:
   - **Ocupar los terrenos** y restantes bienes objeto de cesión obligatoria y gratuita;
   - **Localizar los terrenos** necesarios para la satisfacción de la cesión de aprovechamiento correspondiente a la Administración y ocupación de ellos;
   - Formular y, en su caso, ejecutar los **instrumentos de ordenación complementarios precisos, los proyectos de urbanización y de edificación** (si fuera preciso);
   - Formular y ejecutar (si fuera necesario) los proyectos de **reparcelación forzosa**, en su caso complementarios o de modificación de los ya formulados, precisos para hacer efectiva la distribución equitativa de beneficios y cargas. En su redacción se deberá incluir el suelo reservado para sufragar los costes del sistema y los de gestión que no podrán superar el 10% del total en la cuenta final de liquidación.

DESARROLLO DE LA EJECUCIÓN: OCUPACIÓN Y DISPOSICIÓN DE BIENES Y EJECUCIÓN DE LAS OBRAS

1. En cuanto a la ocupación y disposición de bienes, la aprobación del **proyecto de reparcelación** tendrá efectos sobre tres clases de suelo(Art. 128.1 de la LSCM):
   - El Alcalde, a propuesta de la entidad gestora, podrá acordar, en favor de ésta, la **ocupación inmediata** de todos o parte de los bienes y el ejercicio de la **facultad de disposición** de éstos en calidad de titular fiduciario de ellos.
   - Suelo de cesión gratuita: se podrá inscribir en el Registro de la Propiedad a favor del Ayuntamiento o Municipio;
   - Suelo edificable reservado para sufragar los costes cuantificados en el proyecto de reparcelación: podrá ser objeto de enajenación por la entidad gestora.

2. Respecto de la ejecución de las **obras de urbanización**, la entidad gestora estará facultada para contratar la ejecución de las mismas con empresas urbanizadoras. **El pago** de las obras contratadas podrá efectuarse por la entidad gestora mediante (Art. 128.2 de la LSCM):
   - El importe de la **enajenación de suelo edificable** para sufragar los costes
   - La **adjudicación a la empresa promotora de edificabilidad** o solares resultantes de la urbanización, requiriendo este último supuesto o modalidad la aprobación por el Pleno del Ayuntamiento.

LIQUIDACIÓN DE LA ACTUACIÓN

La liquidación de la actuación se efectuará mediante la elaboración y presentación de una **cuenta de liquidación** por la entidad gestora (Art. 129.1 de la LSCM). La cuenta de liquidación será elaborada una vez finalizadas las obras de urbanización (y recibidas definitivamente por el Alcalde).

Una vez presentada la cuenta de liquidación ante el Ayuntamiento, éste deberá liquidar los derechos de los propietarios que no hayan sido adjudicatarios de solares ni indemnizados. Por ello, pondrá a su disposición la edificabilidad que reste, en la proporción que les corresponda por sus fincas originarias o iniciales.

Los propietarios que no consideren ajustada la liquidación (por lesión del valor económico de sus derechos) estarán facultados para presentar la **reclamación** pertinente ante el alcalde. La resolución deberá dictarse, asimismo, en el plazo de un mes, previo informe de la entidad gestora. En el supuesto de estimación, la diferencia estimada se abonará en metálico por la entidad gestora con cargo a la cuenta de liquidación (Art. 129.2 de la LSCM).

Por último, el Art. 129.3 de la LSCM, distingue entre, **costes previstos** y **costes reales** (incluidos los de la reclamación de los propietarios que consideraran lesiva la liquidación) podrán ser sufragados por la entidad gestora a través de la enajenación del suelo de que disponga fiduciariamente.

En el supuesto de que tras las enajenaciones quedase suelo restante, procederá, para la liquidación final, a su enajenación y distribución proporcional de los ingresos entre los propietarios con derecho.

TEMA X. SISTEMAS DE EJECUCIÓN DEL PLANEAMIENTO: COMPENSACIÓN Y COOPERACIÓN

1. SISTEMA DE COMPENSACIÓN

El sistema de actuación de compensación se caracteriza porque todas las responsabilidades de la ejecución residen en los propietarios, en concreto, con carácter general, en la junta de compensación o sociedad mercantil que constituyan. Los propietarios afectados deberán aportar los terrenos objeto de cesión obligatoria y realizarán a su costa la urbanización (como esté prevista en el plan), constituyéndose al efecto en junta de compensación (Art. 108.2 de la LSCM).

INICIATIVA PARA LA APLICACIÓN (Art. 104 LSCM)

- En Suelo Urbano No Consolidado y Suelo Urbanizable Sectorizado durante el año siguiente a la a la publicación de la aprobación definitiva del Plan General
  - Por propietarios que representan el 50 % de la superficie total del ámbito, sector o unidad de ejecución.
- En Suelo Urbanizable No Sectorizado durante los 2 años siguientes a la aprobación del Plan General.
  - Por los Propietarios que representen el 50 % de la superficie del Sector.

DELIMITACIÓN

- Por los propietarios (1).
- Por adjudicación en concurso (2) Derogada por Ley 3/2007, de 26 de Julio.

1. EJECUCIÓN DIRECTA POR LOS PROPIETARIOS

FORMULACIÓN (ART. 106 LSCM)

La iniciativa de los propietarios de suelo deberá contener la documentación siguiente:

- Acreditaciones de la representación de al menos 50 % de la superficie del ámbito de actuación, sector o unidad de ejecución.
- Plan de Sectorización y / o Plan Parcial, delimitando la Unidad/es de Ejecución.
- Proyecto de Urbanización del ámbito, sector o unidad de ejecución.
- Propuesta de Estatutos y Bases de Actuación de la Junta de Compensación. En el supuesto de que la iniciativa sea formulada por un propietario único o si hay unanimidad de todos los propietarios se puede sustituir por propuesta de Convenio Urbanístico.
- Acreditación del anuncio de la iniciativa publicado en el BOCM, y en uno de los diarios de mayor difusión de la CM.
- Relación concreta e individualizada de los bienes y derechos incluidos en el ámbito, sector o unidad de ejecución, vinculados al sistema, así como de sus titulares, residencia y domicilio (de conformidad con el Registro de la Propiedad y, en su caso, Catastro).

El incumplimiento o falta de los documentos que deben acompañarse junto a la iniciativa conllevará la improcedencia de la misma salvo que nos encontremos ante una ausencia parcial que pueda ser objeto de subsanación.

ACEPTACIÓN DE LA INICIATIVA (ART. 107 LSCM)

Recibida la iniciativa, el alcalde del Ayuntamiento (en el plazo de **un mes** desde la recepción y previos los informes pertinentes) propondrá al Pleno alguno de los siguientes acuerdos (Art. 107.1 de la LSCM):

1º.– **Desestimar** la iniciativa por cualquier **causa justificada** (entre ellas, el ejercicio de la potestad de planeamiento, cuando la iniciativa se formule simultáneamente con la solicitud de aprobación del planeamiento preciso para legitimar su ejecución; la determinación de un sistema de ejecución pública por el planeamiento en vigor o la procedencia de uno de los sistemas de ejecución pública por falta de previsión expresa al respecto por el planeamiento).

2º.– **Estimación** de la iniciativa e inicio del establecimiento del sistema.

DESARROLLO (ART. 107.2 DE LA LSCM)

Aceptada la iniciativa se procederá a:

- **aprobar inicialmente** el plan de sectorización y/o el plan parcial presentado conjuntamente con la iniciativa. Este procedimiento proseguirá con su tramitación prevista legalmente;
- aprobar **inicialmente la delimitación de la unidad o unidades de ejecución** (si procede) y del proyecto **o proyectos de urbanización** y abrir un trámite de **información pública y audiencia de los propietarios afectados** (con citación o notificación individual) por plazo mínimo de **20 días**. La notificación o citación no será necesaria en el supuesto de propietario único o acuerdo de todos los propietarios afectados.

Con ocasión de la **aprobación definitiva del plan de sectorización y/o plan parcial** presentado conjuntamente con la iniciativa o, en otro caso, **una vez transcurrido el plazo del trámite de información pública y audiencia y a la vista del resultado del mismo**, la Administración municipal deberá adoptar acuerdo sobre la **aprobación definitiva de:**

- en su caso, **delimitación de las unidades de ejecución**;
- aplicación del **sistema de compensación**;
- **estatutos y bases de actuación de la Junta de Compensación** o, en su caso, del **convenio urbanístico** con las rectificaciones necesarias por motivos de legalidad o de las alegaciones presentadas;
- **proyectos de urbanización**. Si se observan en los proyectos **deficiencias** o falta de informes necesarios o determinantes, se podrá **aplazar** la aprobación definitiva de los proyectos hasta la subsanación de las deficiencias o emisión de los informes.

El plazo para adoptar la decisión o acuerdo definitivo sobre el plan de sectorización y/o plan parcial será de tres meses desde el inicio del procedimiento (Art. 107.4 de la LSCM). La falta de resolución tendrá los mismos efectos que para los planes parciales.

CONSECUENCIAS DE LA APROBACIÓN DEFINITIVA DE LA APLICACIÓN DEL SISTEMA DE COMPENSACIÓN (ART. 108.1 LSCM):

Distinguiremos según la ejecución del sistema corresponda a los propietarios o a quien no tenga la condición de propietario de suelo.

Propietarios

La aprobación definitiva de la aplicación del sistema de compensación tendrá como efectos (Art. 108.1 LSCM):

- **Asunción por los propietarios de la actividad de ejecución**, en los términos y condiciones en que haya quedado definido el sistema para su desarrollo bajo la dirección, supervisión y control de la administración municipal.
- Obligación de constitución de GARANTÍA de la correcta ejecución a favor del municipio.

La actividad de ejecución en el sistema de compensación desarrollado por propietarios podrá efectuarse mediante Junta de Compensación, sociedad mercantil constituida al efecto y directamente por el propietario único.

GESTIÓN DE LA ACTIVIDAD DE EJECUCIÓN

1) Por la junta de compensación:

- **Constitución**: carácter preceptivo. La constitución de la Junta de Compensación será preceptiva cuando los propietarios que formulasen la iniciativa **no representen la totalidad de la superficie de actuación** (Art. 108.2.a de la LSCM).
- **Naturaleza y personalidad jurídica**. La naturaleza jurídica de las juntas de compensación es un **ente corporativo de derecho público** (Art. 108.2.a de la LSCM). Esta naturaleza administrativa tiene como efecto que sus acuerdos relativos a materias de carácter administrativo son susceptibles de recurso administrativo ante el respectivo ayuntamiento (Art. 108.3.g de la LSCM), debiendo residenciar en los restantes órdenes jurisdiccionales los acuerdos relativos a otras materias (STS, Secc. 5ª, de 16-5-1990)

  Las juntas gozarán, asimismo, de **personalidad jurídica propia y plena capacidad** para el cumplimiento de sus fines desde su inscripción administrativa.
- **Composición e incorporación de miembros**. La Junta de Compensación estará integrada, con carácter general, por la Administración actuante, empresas promotoras que participen en la ejecución y propietarios.
  1. Respecto de la **Administración**, encontramos una previsión específica en el Art. 108.3 f) de la LSCM al disponer que del órgano máximo de gobierno de la Junta deberá formar parte un representante del Ayuntamiento.
  2. En cuanto a los **propietarios**, podrán **incorporarse** a la Junta, si no han participado en la iniciativa, con carácter previo al transcurso de **un mes desde la notificación individualizada de la aprobación definitiva de los estatutos y bases de actuación** (Art. 108.3.b de la LSCM). La falta de incorporación en el plazo máximo mencionado tendrá como efecto la expropiación de los terrenos a favor de la Junta.

Idéntica posibilidad será de aplicación a los propietarios miembros de la Junta que incumplan sus deberes legales y obligaciones derivados del sistema, en este supuesto el alcalde podrá disponer la expropiación de los terrenos a favor, con condición de beneficiaria, de la Junta.

- **Fiduciaria de los terrenos**. La Junta de Compensación tendrá la condición de fiduciaria de las parcelas o fincas iniciales (con pleno poder dispositivo sobre las mismas), por ello estará facultada para ocupar, a fin de ejecutar las obras de urbanización, las fincas de los propietarios miembros (desde el momento fijado por las bases de actuación) y las fincas de los propietarios no adheridos (desde el pago o consignación de justiprecio, salvo expropiación urgente), todo ello según se dispone en el Art. 108.3. d) de la LSCM.

- **Recaudación: vía de apremio**. Las cuotas de urbanización podrán ser objeto de recaudación por la Junta, en virtud de delegación del municipio, por vía de apremio (Art. 108.3.e de la LSCM), siendo recurribles las liquidaciones mediante recurso de alzada.

La Junta ejerce la actividad de planeamiento por atribución legal y asume frente al Municipio la directa responsabilidad de la realización de las obras de urbanización y, en su caso, de edificación.

Contra todos los acuerdos de la Junta podrá interponerse recurso de Alzada ante el órgano competente del Ayuntamiento.

2) Mediante sociedad mercantil (Art. 108 Aps. 2.B y 4 de la lscm)

En el supuesto de optarse por la forma de sociedad mercantil constituida al efecto, deberá sujetarse a las siguientes reglas:

- capital participado por los propietarios de todos los terrenos afectados;
- aportación de todos los terrenos, construcciones y edificaciones de que sean titulares.

3) Directamente por el propietario único de los terrenos del ámbito de actuación, sector o unidad de ejecución

PROCEDIMIENTO ABREVIADO

Las iniciativas que cuenten con el respaldo de propietarios que representan EL 70 % DE LA SUPERFICIE TOTAL, podrán incluir el Proyecto de Reparcelación para la tramitación conjunta de éste con la iniciativa correspondiente. La aprobación municipal de la iniciativa aprobará asimismo con carácter definitivo el proyecto de reparcelación.

2. SISTEMA DE COOPERACIÓN

El sistema de cooperación consiste (Art. 115.1 de la LSCM), con carácter general, en que los propietarios aporten el suelo o terrenos que debe ser objeto de cesión obligatoria, soporten la ocupación de los terrenos necesarios para la ejecución de las obras de urbanización (otorgando a la Administración la disposición fiduciaria de los mismos) y abonen los gastos de urbanización. Por el contrario, la Administración asumirá íntegramente la actividad de ejecución, las obras de urbanización.

CARACTERÍSTICAS (ART. 115 LSCM)

- Comporta, cuando no afecte a propietario único, la **reparcelación forzosa**.
- Las bases del sistema de cooperación podrán establecerse mediante CONVENIO URBANÍSTICO en 2 casos:
  - Propietario único.
  - La conformidad de todos los propietarios.
- Participación de los propietarios en la gestión por cooperación:
  - Mediante Entidad Urbanística.

Refiriéndonos a sus características y notas fundamentales y, en concreto, su distinción de la modalidad de compensación, podemos citar la STSJ de Murcia de 14-4-1999, que señala que «si bien ambos sistemas responden, y se instrumentan, a la consecución del mismo objetivo, que no es otro que el de llevar a cabo la ejecución del planeamiento con reparto justo de los beneficios y cargas de urbanización entre los propietarios afectados y a la atribución de parte de las plusvalías generadas por la acción urbanística a favor de la comunidad cuyos intereses gestiona la Administración municipal, el sistema de cooperación atribuye sin embargo un mayor protagonismo a ésta, al atribuírsele legalmente la labor de gestión urbanística, en lugar de a los propietarios del polígono como sucede con el sistema de compensación».

GESTIÓN (ART. 116 LSCM)

La actividad de ejecución de la Administración deberá efectuarse mediante gestión directa, Art. 116.1 de la LSCM.

Las **modalidades** de gestión directa serán las siguientes:

- **sin órgano diferenciado**;
- **organismo público**;
- **sociedad mercantil de capital íntegramente público**, aunque pertenezca a otra Administración pública (Art. 116.2 de la LSCM);
- **sociedad mercantil de capital mixto creada para esta finalidad**. En este supuesto, los propietarios podrán participar en el capital incluso si la participación se limita a terrenos y construcciones o edificaciones de que sean titulares.

TEMA XI. EXPROPIACIÓN URBANÍSTICA

CONCEPTO Y FUNCIONES DE LAS EXPROPIACIONES URBANÍSTICAS

DEFINICIÓN: la institución a través de la cual un sujeto es privado de un bien o de un derecho, por causa de utilidad pública e interés social, a cambio de un precio justo.

La nota o característica definitoria de las expropiaciones urbanísticas reside en las funciones o finalidades de las mismas. El art. 29.1 de la TRLS/2008, así como el art. 36.1 , establece que las finalidades serán las previstas en la legislación reguladora de la ordenación territorial y urbanística (estatal o autonómica y, por remisión, instrumentos urbanísticos) y el incumplimiento de la función social de la propiedad.

La diferenciación entre la expropiación común u ordinaria tenía con anterioridad efectos a la hora de la determinación del valor del suelo expropiado, sin embargo en la actualidad dicha diferenciación ha devenido sin efectos prácticos.

SUPUESTOS EXPROPIATORIOS

La expropiación forzosa podrá aplicarse con carácter general (Art. 138.1 de la LSCM):

- como sistema de ejecución
- dentro de los restantes sistemas cuando así se prevea expresamente por la Ley;
- en los supuestos previstos por la legislación general.

Asimismo, será de aplicación cuando específicamente concurran los supuestos siguientes que tendrán como efecto la utilidad pública implícita para habilitar la actuación (Art. 138.1 de la LSCM):

1) obtención de terrenos destinados al dominio público de uso o servicios públicos cuando:
   - no se prevea su cesión obligatoria y gratuita;
   - necesidad urgente de anticipar su obtención.

En este supuesto habilitante también se incluirán aquellos terrenos colindantes que sean imprescindibles para realizar las obras o establecer los servicios públicos previstos en el planeamiento o especialmente beneficiados por las obras o servicios.

2) obtención de terrenos y bienes o derechos para la constitución o ampliación de los patrimonios públicos del suelo;
3) declaración definitiva en vía administrativa del incumplimiento de los deberes legales urbanísticos del propietario, siempre y cuando la declaración esté motivada en:
    - actos de parcelación o reparcelación, uso del suelo o edificación constitutivos de infracción urbanística.
    - inobservancia de los plazos para la formulación, tramitación o aprobación de los instrumentos de ejecución del planeamiento previstos por la Ley.
    - incumplimiento sustantivo o temporal de los deberes y obligaciones, previstos legalmente o convenidos o asumidos, relativos a la ejecución del planeamiento.
    - incumplimiento de los deberes de conservación, mantenimiento y, en su caso, rehabilitación de inmuebles.
4) inadecuación de los inmuebles a las condiciones mínimas legalmente establecidas para su dedicación al uso establecido.
5) declaración o catalogación administrativa formal del valor cultural, arquitectónico, urbanístico, histórico-artístico o medioambiental de los terrenos o edificios en virtud de la legislación urbanística o sectorial correspondiente;
6) obtención de terrenos destinados, por el planeamiento, a la construcción de viviendas sujetas a algún régimen de protección pública o declarados de interés social.

LEGITIMACIÓN DE LAS EXPROPIACIONES

Con carácter general, cualquier procedimiento expropiatorio requiere previamente la declaración de utilidad pública e interés social. En el supuesto de las expropiaciones urbanísticas, la utilidad pública y el interés social se entienden implícitos en la aprobación de los instrumentos de ordenación a desarrollar por expropiación, según dispone el art. 29.2 de la TRLS/2008.

Es decir, la aprobación de un instrumento a desarrollar por expropiación equivale a la declaración de utilidad pública e interés social, hace innecesaria la declaración expresa de los mismos. De tal forma, será necesario que, aunque sea de forma implícita, la «causa expropiando» quede justificada en la concreta figura o instrumento urbanístico. En la STS 27-12-1983 , el TS declaró la nulidad de una expropiación por falta de la necesaria y previa declaración de utilidad pública, al no quedar legitimada la misma en el instrumento urbanístico de aplicación.

En relación a la utilidad pública, parece interesante reseñar lo dispuesto en la STS de 3-12-1998 , en la que el órgano judicial recuerda que la misma es una cuestión jurídica y no fáctica.

Debe anotarse asimismo que la declaración de utilidad pública e interés social se extenderá no sólo al concreto ámbito de actuación del instrumento sino también a los terrenos que sean necesarios para conectar la actuación de urbanización con las redes generales de servicios (art. 29.2 del TRLS/2008). Es decir, la utilidad pública e interés social alcanzará a terrenos externos siempre y cuando: a) sirvan para conectar la urbanización del ámbito de ejecución con redes generales de servicios; b) sean necesarios. El carácter necesario podrá ser discutible en el supuesto de existir alternativas distintas para la conexión.

SUJETOS BENEFICIARIOS

Ha previsto el legislador, en el art. 29.4 de la TRLS/2008, que podrán ser considerados como beneficiarios de las expropiaciones urbanísticas específicamente las personas (naturales o jurídicas) que se subroguen en las facultades de ejecución de planes u obras del Estado, Comunidades Autónomas y entidades locales.

El término de subrogación es amplio y parece incluir a toda aquella persona que termine desempeñando facultades de ejecución urbanística o de obras en virtud de cualquier figura jurídica prevista legalmente (o por la legislación del Estado o de las CCAA).

BIENES DE DOMINIO PÚBLICO Y VÍAS: ESPECIALIDADES

El TRLS/2008 ha recogido dos especialidades para los bienes de dominio público y vías en las expropiaciones urbanísticas.

La primera, establecida en el art. 29.3 , hace referencia al destino de los concretos bienes de dominio público. Así, si con ocasión de la expropiación urbanística los bienes de dominio público van a tener un destino distinto del preexistente, la Administración competente, para ajustar el destino a la nueva realidad, deberá tramitar el procedimiento correspondiente para la mutación demanial o desafectación.

La segunda, tiene por objeto las vías públicas (rurales o urbanas) y es doble. En cuanto a las vías rurales existentes en un ámbito sujeto a expropiación urbanística, existirá una presunción iuris tantum (cabe prueba en contrario) de su titularidad municipal. Respecto de las vías urbanas, en el supuesto de que desaparezcan a través de la expropiación, se considerarán subrogadas por las nuevas que se originen y transmitidas al órgano expropiante.

PROCEDIMIENTO

El ejercicio de la potestad expropiatoria, según establece el art. 29.1 de la TRLS/2008, se adecuará a las determinaciones de la propia ley, a la legislación urbanística autonómica y, en lo no previsto, a la legislación general de expropiación forzosa (LEF).

La legislación estatal resalta cuatro especialidades respecto del procedimiento expropiatorio regulado por la LEF, que hemos de entender como genérico. Examinaremos tales especialidades:

PROCEDIMIENTO EN LA DETERMINACIÓN DEL JUSTIPRECIO

El art. 30.1 de la TRLS/2008 establece que la determinación del justiprecio en las expropiaciones urbanísticas podrá llevarse a cabo a través de dos tipos procedimientos:

a) expediente individualizado;

b) procedimiento de tasación conjunta.

Procedimiento de expediente individualizado

Hemos de remitirnos a la LEF a los efectos de concretar las características del citado procedimiento.

El art. 26 LEF establece que la determinación del justiprecio se tramitará como pieza separada e individual respecto de cada uno de los propietarios afectados. El propio artículo excepciona dos supuestos a la regla general de tramitación de expediente individualizado (en los que se tramitará un solo expediente). Dichas excepciones son:

- cuando el bien o derecho expropiado pertenezca en comunidad a varias personas;
- cuando varios bienes constituyan una unidad económica. El art. 27 LEF detalla que habrá de considerarse que nos encontramos ante una «unidad económica» en dos supuestos:
- respecto de inmuebles: cuando varias fincas, independientemente de que sean rústicas o urbanas, se encuentren inscritas bajo un mismo número o, sin estar inscritas, sean susceptibles de estarlo. La posibilidad de única inscripción se valorará de conformidad con la Ley Hipotecaria.
- respecto de muebles: cuando exista una universidad de hecho o de derecho.

El art. 28 LEF confirma la regla general de la tramitación de expediente individualizado, exigiendo dicha tramitación respecto de los valores mobiliarios.

Cada expediente individualizado será encabezado por la exacta descripción del bien expropiado.

Procedimiento de tasación conjunta

El procedimiento de tasación conjunta era regulado por el art. 38 Ley 6/1998 hasta que por STC 164/2001 se declaró la inconstitucionalidad de tal precepto. De tal forma, tras dicha STC, hemos de entender que el procedimiento como válido para la determinación del justiprecio pero que su contenido y fases habrán de ser concretados por el legislador autonómico.

PAGO DEL JUSTIPRECIO: DINERO O EN ESPECIE

En las expropiaciones genéricas, según el art. 48 LEF, el pago del justiprecio únicamente podrá realizarse mediante la entrega de dinero. El art. 30.1 del

TRLS/2008, establece una peculiaridad de las expropiaciones urbanísticas a este respecto: el pago del justiprecio podrá ser satisfecho en especie.

Se desprende del artículo citado que deberán de concurrir dos requisitos para la viabilidad de tal fórmula de pago:

- que el expropiado acepte dicha entrega como pago.
- que la entrega en especie sea equivalente al terreno expropiado. La b) determinación del valor del terreno expropiado y lo entregado como pago se realizará de conformidad con los criterios expuestos.

INTERESADOS Y SUJETO DESTINATARIO DEL JUSTIPRECIO

A) Interesados.

Regula el art. 30.2 del TRLS/2008 que a efectos del expediente expropiatorio, las actuaciones se realizarán con las personas que aparezcan en el proyecto de delimitación elaborado de conformidad con la LEF.

Cabe que los verdaderos titulares de los bienes y derechos se opongan a la relación contenida en el proyecto. En este caso, quienes acrediten ser los titulares en contra de afirmado en el proyecto, serán los interesados.

Debe reseñarse, finalmente, que en el supuesto del procedimiento de tasación conjunta, si en el trámite de información pública no se alegan errores sobre la titularidad, los interesados sólo podrán reclamar posteriormente la indemnización que les corresponda, en ningún caso la nulidad o reposición de las actuaciones.

B) Sujeto receptor del justiprecio.

El abono del justiprecio exigirá que se aporten por los interesados (art. 30.3 del TRLS/2008) bien la certificación registral (con referencia a que se ha extendido la nota prevista en el art. 32 del Reglamento Hipotecario); bien títulos acreditativos del derecho junto con certificaciones negativas del Registro de la Propiedad que tengan por objeto la fina de los títulos. Cuando no puedan aportarse o justificarse los documentos mencionados, el justiprecio será objeto de consignación.

En el supuesto de que la finca tenga cargas, habrán de comparecer asimismo los titulares de aquellas.

Finalmente (art. 30.4 del TRLS/2008), en el caso de que las certificaciones registrales sean contrario a la realidad, el abono del justiprecio podrá efectuarse a quienes consigan la rectificación o modificación en virtud de cualesquiera de los medios previstos por la legislación hipotecaria o con el acta de notoriedad previsto por el Reglamento Notarial.

OCUPACIÓN E INSCRIPCIÓN EN EL REGISTRO

El art. 31 de la LS/2008 habilita a la Administración a levantar acta de ocupación una vez efectuado el pago del justiprecio o una vez consignado el mismo. La peculiaridad destacable en las expropiaciones urbanísticas es que dicha acta de ocupación es inscribible en el Registro de la Propiedad. El título de inscripción es el acta de ocupación junto con las actas de pago o justificantes de consignación del justiprecio.

El precepto prevé tres posibilidades respecto de la forma de practicar la inscripción:

a) la finca es expropiada en su totalidad y está inscrita en el Registro de la Propiedad.

En este supuesto el acta deberá contener la descripción de finca o bien, su identificación conforme a la legislación hipotecaria y, por último, la referencia catastral y representación gráfica mediante sistema de coordenadas (la referencia catastral y representación gráfica podrán sustituirse por una certificación catastral descriptiva y gráfica del inmueble).

b) la finca es expropiada en parte, no su totalidad, y está inscrita en el Registro de la Propiedad.

Procede la anotación de conformidad a lo establecido por la legislación hipotecaria y, tras dicha anotación, se practicará otra en la que se identifique la porción de finca expropiada.

c) la finca expropiada no está inscrita en el Registro de la Propiedad.

Se practicará la inscripción de conformidad con lo anotado en el apartado a), no siendo obstáculo la no inscripción.

El art. 31 del TRLS/2008 prevé la posibilidad de que al procederse a la inscripción surjan dudas en cuanto a si dentro de la superficie expropiada existe alguna finca registral no tenida en cuenta en la tramitación del expediente. En tales supuestos, dicha circunstancia habrá de ser puesta de manifiesto a la Administración expropiadora.

Anotaremos finalmente que al igual que las actas de ocupación son inscribibles, para el supuesto de servidumbres (bien constitución, bien modificación, bien extinción) el título inscribible será la resolución administrativa correspondiente.

6. ADQUISICIÓN LIBRE DE CARGAS

Los bienes adquiridos en virtud de expropiación urbanística se entiende que lo son libres de cargas, en este sentido se pronuncia el art. 32.1 del TRLS/2008.

Una vez la Administración haya procedido a inscribir su derecho, no cabrá el ejercicio de ninguna acción real o interdictal contra la Administración, manteniéndose, por consiguiente, en la posesión de las finca.

Al no poder ejercitarse acción real o interdictal contra la Administración tras la inscripción de sus derechos derivados de expropiación, sólo cabe el ejercicio de acciones personales reguladas por el propio legislador en los apdos. 2 a 4 del art. 32 del TRLS/2008.

Las acciones personales nacen de dos supuestos de hecho distintos:

- terceros interesados no tenidos en cuenta en el expediente expropiatorio. Estos terceros estarán facultados para ejercitar las acciones personales que tengan por objeto recibir el justiprecio o indemnizaciones, así como discutir su cuantía.

- fincas o derechos inscritos anteriormente y no tenidos en cuenta en el expediente expropiatorio. En este supuesto, con independencia de que la Administración de oficio o a instancia de interesado o del registrador solicite la cancelación de la inscripción, los titulares podrán ejercitar las acciones que consideren oportunas. En este sentido, la Administración expropiante estará obligada a formular un expediente complementario con hoja de aprecio para el abono correspondiente.

Nota común a las acciones personales es que cuando el justiprecio se haya abonado por la Administración a quien aparezca como titular registral, no cabrá acción personal contra la Administración si no se hubiere comparecido en la tramitación en su momento. Cuestión distinta es el ejercicio frente al que haya recibido el justiprecio e indemnizaciones.

GESTIÓN DE LA EXPROPIACIÓN: MODALIDADES

Ha previsto el legislador, art. 33 del TRLS/2008, al menos dos modalidades en la gestión expropiatoria de las entidades locales:

- asociaciones con otras Administraciones públicas o particulares (todo ello con sujeción a las diversas formas que se establezcan por la legislación urbanística específica o por la legislación de régimen local);
- encomienda de gestión a otra Administración pública.

REVERSIÓN

CONCEPTO Y CARACTERES

El TS en STS de 23-6-1998, define el derecho reversión como « un derecho nuevo y autónomo, cuyo factor determinante es la extinción de la causa o fin que legitimaron la expropiación llevada a cabo ».

Es doctrina jurisprudencial reiterada la que se resalta que el derecho de reversión no tiene rango de derecho constitucional y, consecuentemente, puede ser modulado o eliminado por el legislador en supuestos específicos (por todas, STS de 28-4-1995 , de 20-1-1998 , de 19-9-1998). De tal forma, es necesario acudir a lo dispuesto por la propia norma a los efectos de determinar los supuestos en los que nace el derecho de reversión.

El art. 34.1 del TRLS/2008 es contundente y claro al disponer que la alteración del uso motivador o causa de la expropiación (por modificación o revisión de los instrumentos correspondiente) habilita la reversión.

SUPUESTOS DE REVERSIÓN

Como hemos afirmado anteriormente, el art. 34.1 del TRLS/2008 establece los supuestos en los que nace el derecho de reversión en expropiaciones urbanísticas. En concreto:

A) En supuestos en los que se procede a la modificación o revisión del/los instrumentos de ordenación territorial y urbanística correspondientes y se altera el uso que motivó la expropiación.

El propio precepto prevé seis excepciones a la regla general, es decir, seis supuestos en los que no procederá la reversión de los terrenos expropiados a pesar de haber sido alterado el uso que motivó la expropiación. Dichas excepciones son las siguientes:

1. Cuando el nuevo uso asignado esté adecuadamente justificado y fuera igualmente dotacional público. Analizamos los dos requisitos que han de concurrir:

a) Existencia de motivación y justificación suficiente.

La Administración expropiadora habrá de motivar y justificar de forma suficiente la variación efectuada.

En relación al requisito comentado estimamos de interés citar la STSJ de Madrid 1-10-2003 , en la que la Sala apunta que será exigible «a la actividad de la Administración que, al cambiar el uso del terreno expropiado, justifica y explica las razones que tiene para el cambio que propone, lógicamente la existencia de este requisito debe ser probado por la Administración demandada».

b) Que el nuevo uso sea también dotacional público.

En la STSJ del TSJ de Madrid de 22-1-1998, la Sala consideró improcedente la reversión solicitada de unos terrenos expropiados para la construcción de una zona deportiva y habían sido destinados a la construcción de viviendas de protección oficial. Es decir, en la STSJ referenciada la Sala se pronuncia a favor del carácter dotacional de las viviendas protegidas. Sin embargo, la misma Sala en STSJ de 1-10-2003 , consideró que, en base al art. 2 del Anexo del Reglamento de Planeamiento, Real Decreto 2159/1978, de 23 de junio, no puede estimarse que las viviendas de protección pública sean consideradas como de carácter rotacional, y estima por lo tanto que ha de procederse a la reversión por sustitución del uso comercial previsto.

2. Que el uso dotacional que motivó la expropiación hubiese sido efectivamente implantado y mantenido durante ocho años.

Es decir, el nuevo uso al que se destinan los bienes o derechos expropiados habrá de tener finalidad dotacional (al igual que se exigía en el supuesto excepcional anterior) y además se exige que el mismo haya sido ya implantado y mantenido durante un plazo concreto, superior a ocho años.

3. En supuestos en los que se expropiaran los terrenos para la formación o ampliación del patrimonio público de suelo si el nuevo uso es compatible con los fines del patrimonio.

4. Cuando la expropiación se hubiese efectuado para la ejecución de una actuación de urbanización.

5. Expropiaciones realizadas con base en el incumplimiento de los deberes legales correspondiente o por la falta de levamente de las cargas propias del régimen aplicable al suelo.

6. Restantes supuestos previstos por el art. 54 LEF.

B) En los supuestos en que la expropiación se hubiese efectuado para una actuación de urbanización, el transcurso de 10 años sin la finalización de la urbanización habilitará la reversión del terreno o bien expropiado.

Debemos reseñar finalmente que en ningún caso procederá la reversión (art. 34.3 del TRLS/2008) cuando exista segregación del vuelo o subsuelo del suelo o terreno expropiado y se mantenga el uso dotacional público o sea de aplicación cualquiera de los supuestos de excepción de reversión descritos en el apartado 1.

RETASACIÓN

SUPUESTO

La retasación se aplicará (art. 34.2.b del TRLS/2008) cuando concurran los siguientes elementos o requisitos:

- modificación de instrumentos de ordenación territorial o urbanística no efectuada al amparo de un nuevo ejercicio pleno de la potestad de ordenación territorial o urbanística (es decir, con carácter general modificaciones o revisiones);
- alteración de los usos o edificabilidad del suelo;
- incremento del valor a efectos de su expropiación y de conformidad con los criterios legales.

EFECTOS

Cuando exista o concurra derecho a la retasación, el expropiado o sus causahabientes tendrán el derecho a la diferencia entre el nuevo valor y la actualización del justiprecio.

RÉGIMEN JURÍDICO

Las determinaciones previstas para la reversión serán de aplicación al derecho a la retasación, incluido el acceso al Registro de la Propiedad.

A MODO DE ESQUEMA: LA EXPROPIACIÓN URBANÍSTICA

LA EXPROPIACIÓN URBANÍSTICA	1. Como **<u>sistema de ejecución</u>**. Caben diferentes formas de gestión: a) La gestión directa e indiferenciada. b) La gestión a través de una entidad de Derecho público de ella dependiente o a ella adscrita. c) La encomienda, previa suscripción de convenio de colaboración, a otra Administración pública territorial o a una entidad de Derecho público dependiente o adscrita a ella. d) La atribución a concesionario. 2. Para la obtención **de <u>suelo destinado a dotaciones públicas</u>**.

1. SISTEMA DE EXPROPIACIÓN

CARACTERÍSTICAS

- La administración actuante expropia la totalidad de los bienes y derechos incluidos en el ámbito de actuación, sector o unidad / unidades de ejecución y realiza las obras de urbanización, y en su caso de edificación.
- La delimitación de unidades de ejecución a expropiar deberá acompañarse de una relación de propietarios y descripción de bienes y derechos, redactadas con arreglo a lo dispuesto de la legislación de expropiación forzosa.
- Los bienes de dominio público se identificarán, relacionarán y describirán de forma separada e independiente.

EL JUSTIPRECIO

Viene determinado por los criterios de la Ley de Expropiación Forzosa.

PAGO DEL JUSTIPRECIO

- Mediante adjudicación de otras fincas, parcelas o solares, no necesariamente localizadas en la unidad de ejecución, pertenecientes al beneficiario de la expropiación.
- En caso de desacuerdo en la valoración de la finca, se podrá acudir al Jurado Territorial de Expropiación para que fije con carácter definitivo el valor de la adjudicada en pago.
- Justiprecio de mutuo acuerdo: entre la Administración y el expropiado: será posible en cualquier momento anterior a la fijación definitiva en vía administrativa del justiprecio

GESTIÓN

- **Operaciones de la Administración actuante para desarrollar la expropiación:**
  - gestión directa e indiferenciada .
  - gestión a través de una entidad de Derecho Público de ella dependiente a ella adscrita.
  - La encomienda, previa suscripción de CONVENIO DE COLABORACIÓN, a otra Administración Pública Territorial o a una entidad de Derecho Público a ella adscrita.
  - La atribución a concesionario.
- **Gestión del Sistema de Expropiación por concesionario:**
- **Se otorgará mediante CONCURSO:**
  - Se tramitará y resolverá conforme a la legislación reguladora de la administración actuante.
  - En el concurso podrán participar mediante ENTIDAD URBANÍSTICA DE URBANIZACIÓN los propietarios afectados por la actuación que representan como mínimo el 50 % de la total superficie de ésta, teniendo derecho preferente a la adjudicación del concurso siempre que su oferta iguale la más ventajosa de entre las restantes ofertas.
  - ENTIDAD URBANÍSTICA: tendrán condición de ENTIDAD URBANÍSTICA DE COLABORACIÓN.
  - La concesión se formalizará mediante CONVENIO URBANÍSTICO.
  - EL CONCESIONARIO: condición de promotor.

PROCEDIMIENTO DE LA EXPROPIACIÓN

Conforme a la Ley de Expropiación Forzosa podrá aplicarse:

- Procedimiento individualizado.
- Tasación conjunta.

DISPOSICIÓN ANTICIPADA DE PARCELAS

La Administración o entidad pública actuante y el concesionario promotor previa autorización podrá con las parcelas resultantes a partir de la conclusión del procedimiento expropiatorio:

- Ceder.
- Permutar.
- Enajenar.

EJECUCIÓN DE LA URBANIZACIÓN

- La administración / entidad / concesionario promotor deberá ejecutar la urbanización de los plazos previstos en el planeamiento legitimado de aquélla.
- Finalizada la expropiación: deber de disposición al Municipio y Comunidad de Madrid de los terrenos de cesión obligatoria y gratuita libre de cargas, gravámenes y ocupantes.
- La edificación de las parcelas resultantes podrá realizarse ante de la finalización de las obras, asegurando como mínimo la realización simultanea de las que sean necesarias para que cada parcela adquiera la condición de solar.

LIBERALIZACIÓN DE LA EXPROPIACIÓN

- Previa solicitud del interesado / concesionario promotor, la Administración actuante podrá liberar de la expropiación determinados bienes o derechos, mediante la imposición de las condiciones urbanísticas que procedan para asegurar la ejecución del planeamiento.
- SOLICITUD DE LIBERACIÓN:
  Deberá inscribirse en el Registro de la propiedad y precisar para su validez:
  - Bienes y derechos afectados por la liberación.
  - Términos y condiciones de la vinculación de dichos bienes y derechos al proceso urbanizador y edificatorio.
  - Garantías a pactar por el beneficiario para asegurar el cumplimiento de tales términos y demás condiciones impuestas.
- INCUMPLIMINETO DE OBLIGACIONES: supondrá la aplicación del régimen de sustitución o la expropiación por incumplimiento de la función social de la propiedad.

EXPROPIACION FORZOSA

1. La expropiación del suelo destinado a redes públicas de infraestructuras, equipamientos y servicios públicos deberá tener lugar dentro de los cinco años siguientes a la aprobación del planeamiento urbanístico que legitima la actividad de ejecución.
2. transcurrido el plazo previsto en el número anterior sin que la expropiación haya tenido lugar, el propietario afectado o sus causahabientes podrán interesarse de la Administración competente la incoación del procedimiento expropiatorio. Si un año después de dicha solicitud la incoación no se hubiera producido, PODRÁ el propietario o sus causahabientes dirigirse directamente al Jurado Territorial de Expropiación a los efectos de la determinación definitiva del justiprecio.

TEMA XII. CONVENIOS URBANÍSTICOS

NATURALEZA JURÍDICA Y FINALIDAD

CARACTERÍSTICAS

Su rasgo más característico es que son **fruto de un acuerdo de voluntades** entre las Administraciones y los diferentes sujetos que participan o se ven afectados por el proceso urbanístico. Es decir, los convenios urbanísticos gozan de una **naturaleza contractual**, con efectos jurídicos entre las partes firmantes.

Son instrumentos que intentan facilitar la actuación urbanística pero en **ningún caso sustituyen al planeamiento ni pueden alterarlo**; por sí solos no tienen valor ni efecto frente a terceros pues **sólo adquieren esta eficacia si se incorporan a un Plan**, pasando a formar parte del mismo y siguiendo su misma suerte.

Por último, en lo que a su naturaleza se refiere, ha de reseñarse el **carácter jurídico-administrativo** de los mismos (así se reconoce explícitamente en el Art. 243.4 de la LSCM). Efecto directo de este carácter administrativo es que todas las divergencias o cuestiones que puedan suscitarse respecto de su interpretación, cumplimiento o incumplimiento, efectos o resolución o extinción (es decir, sobre la ejecución del mismo) deberán ser residenciadas en la jurisdicción contencioso-administrativa.

FINALIDAD

La **finalidad** de los convenios urbanísticos es **variada**; una nota genérica y común sería el objetivo de facilitar las disposiciones normativas y actuaciones urbanísticas, posibilitando un acuerdo entre las partes afectadas y evitando, en la medida de lo posible, futuras contradicciones o confrontaciones, como así se reconoce con carácter general en el Art. 243.1 de la LSCM.

NORMATIVA APLICABLE Y COMPETENCIAS

Es preciso incidir en dos cuestiones:

– **Carácter contractual de los convenios urbanísticos:**

Según establece el Art. 149.1.18ª CE, **es competencia del Estado la redacción de la normativa básica en materia de contratos administrativos.** De tal forma, el Estado es competente para dictar normativa básica sobre la materia y, consecuentemente, dicha normativa resultará de aplicación respecto de los convenios urbanísticos. La Comunidad de Madrid es competente para dictar normativa propia, siempre en desarrollo de la normativa básica estatal.

De tal forma, en el ámbito estatal y en lo que los convenios urbanísticos se refiere, destacamos lo dispuesto en el Real Decreto Legislativo 3/2011, texto refundido de la Ley de Contratos del Sector Público, y por el Art. 88 de la Ley 30/1992, que establece que la denominada « **libertad de pactos** » **de la Administración, con límite en la no vulneración del interés público, el ordenamiento jurídico o los principios a los que debe someterse el actuar de la buena Administración.**

– **Aspecto sustantivo regulado: materia urbanística.**

La Comunidad de Madrid, según establece el Art. 148.1.3ª de la CE y el Art. 26.3 de su Estatuto de Autonomía, tiene asumida la competencia de ordenación del territorio, urbanismo y vivienda

De tal forma, **la Comunidad Autónoma tiene competencias exclusivas en cuanto a la regulación de la materia sujeta a contratación o convenio.**

Según lo expuesto, en la regulación de los convenios urbanísticos concurren competencias estatales y autonómicas, una respecto de su ámbito formal y la otra respecto del fondo.

PRINCIPIOS BÁSICOS DEL RÉGIMEN JURÍDICO CONTRACTUAL

Como hemos adelantado, en la elaboración de convenios urbanísticos habrán de respetarse, con carácter general, los principios básicos del régimen jurídico contractual. Concretamente, tal y como dispone el **Art. 243.2 LSCM:** Principios de **transparencia, publicidad, igualdad y no discriminación y por último el de concurrencia,** que será aplicado en numerosas ocasiones en atención al contenido, finalidad y sujetos privados intervinientes (propietarios afectados) en los convenios urbanísticos.

La **infracción o vulneración** de los mencionados principios llevará aparejada, con carácter general, la **nulidad** (Art. 62.1 apdos. e) y f) de la Ley 30/1992) o, si la entidad de la **infracción fuese limitada, la anulabilidad** (Art. 63 de la Ley 30/1992).

LÍMITES

Los Convenios Urbanísticos tienen como límites la vulneración del ordenamiento jurídico, del interés público o de los principios de buena administración, así como el ámbito de competencias o atribuciones de las partes intervinientes y los principios del procedimiento contractual.

– **Reglas de competencia:**

La Administración Autonómica, las entidades locales, así como sus organizaciones adscritas y dependientes, y demás organizaciones creadas, en el momento de celebrar convenios urbanísticos **únicamente podrán disponer sobre materias de su competencia**. (Art.243.1 LSCM)

La aprobación de un convenio por una Administración incompetente dará lugar a la **nulidad** (en el supuesto **de incompetencia por razón de la materia o del territorio**, Art. 62.1.b de la Ley 30/1992) o a la **anulabilidad (en el supuesto de incompetencia jerárquica convalidable**).

– **Reglas de carácter imperativo.**

No cabe la formulación de convenios urbanísticos cuyas disposiciones sean contrarias a posibles normas de carácter imperativo en derecho urbanístico.

En este sentido, el Art. 243.3 de la LSCM dispone la **prohibición** de que los convenios contengan estipulaciones o **determinaciones que infrinjan o contravengan**, o incluso defrauden objetivamente, la **normativa imperativa (legal o reglamentaria) urbanística o los instrumentos de planeamiento**. El efecto de su incumplimiento será la nulidad de las estipulaciones.

– **Interés público.**

Los convenios urbanísticos deberán respetar el interés público o general, **siendo disconformes a derecho en caso contrario** (STSJ de la Comunidad Valenciana de 1 de octubre de 1996).

PRINCIPIOS A LOS QUE DEBE SOMETERSE LA ACTUACIÓN DE LA ADMINISTRACIÓN

Los Arts. 3 y 4 de la Ley 30/1992 establecen con carácter general los principios a los que debe someterse la **actuación administrativa**. Resultarán improcedentes aquellos convenios que vulneren tales principios.

PRERROGATIVAS IRRENUNCIABLES O INNEGOCIABLES DE LA ADMINISTRACIÓN

La normativa urbanística a la hora de otorgar potestades a la Administración diferencia entre competencias negociables o discrecionales y otras irrenunciables.

Las potestades irrenunciables o innegociables no podrán ser desarrolladas a través de convenio urbanístico. En este sentido, las Administraciones o entidades no podrán, a través de los convenios, «limitar o eludir» el ejercicio de las competencias urbanísticas que tengan asignadas. Tal y como queda recogido en el Art. 245 de la LSCM, el cual establece que son nulos de pleno derecho los convenios urbanísticos de planeamiento, así como cualquier convenio o acuerdo, cualquiera que sea su denominación, que tenga por objeto definir los criterios de ordenación del futuro planeamiento urbanístico.

Destacamos, de entre las **potestades irrenunciables**, la **potestad de planeamiento.**

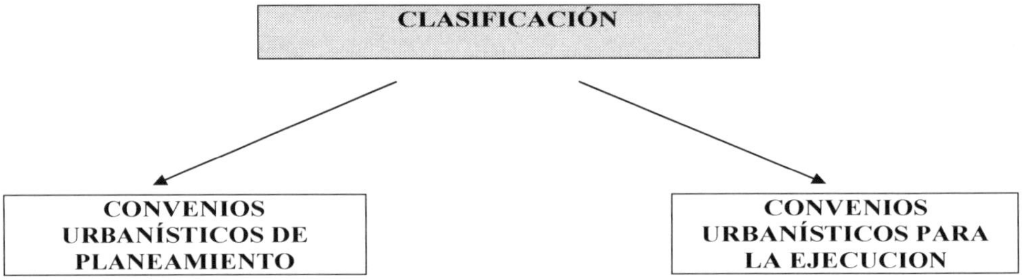

Atendiendo a la regulación específica contenida en la Ley, así como a la clasificación general consolidada por la jurisprudencia, distinguiremos dos clases de convenios.

CONVENIO URBANÍSTICO DE PLANEAMIENTO

OBJETO Y FINALIDAD

Tienen por objeto pactar o convenir los criterios de ordenación, a los que se ajustará el planeamiento, las **condiciones para las posibles modificaciones del planeamiento**, bien de manera directa o de forma indirecta por requerirlo la viabilidad de las estipulaciones [Art. 244. a) de la LSCM].

También la previsión de la realización de los intereses públicos, así como la formación, modificación o revisión de un Plan de Ordenación.

Debido a su finalidad habitual (que será lograr una modificación futura de la ordenación urbanística existente a cambio de la realización de ciertas prestaciones por los administrados; estos convenios **suelen mostrar una contradicción material con las normas de planeamiento vigentes** en el momento en que se suscriben, sin perjuicio de la potestad que ostenta la entidad local para iniciar discrecionalmente la modificación o, en su caso, revisión del planeamiento con vistas a adaptarlo a las exigencias cambiantes del interés público.

- Solo podrán negociarse y suscribirse hasta que el procedimiento de aprobación del Plan de Ordenación sea sometido al trámite de información pública.
- No tendrá efectos vinculantes para la Administración.

Cuando se tramiten los Planes de Ordenación Urbanísticas, los Convenios deberán ser incluidos como Anexo a la Memoria del proyecto.

CONVENIO URBANÍSTICO PARA LA EJECUCIÓN

OBJETO Y FINALIDAD

El objeto se concreta en complementar o detallar las condiciones y los términos de la fase de gestión y ejecución del planeamiento en vigor, al lograr un acuerdo entre las partes afectadas (Art. 246.1 de la LSCM).

A través de este tipo de convenios es posible facilitar el desarrollo del sistema de ejecución del planeamiento elegido.

Cuando los firmantes asuman la total iniciativa y responsabilidad de la gestión, se definirán con detalle el régimen de ejecución, pudiéndose APARTAR DE LOS SISTEMAS DE EJECUCION previstos en esta Ley del Suelo.

PARTES INTERVINIENTES

Tendrán como partes contratantes, por un lado, a la Comunidad de Madrid y los municipios, las entidades públicas adscritas o dependientes y los consorcios creados y, por otro, personas públicas o privadas (tengan o no la condición de propietarios).

CONTENIDO (ART. 246.3 DE LA LSCM)

- Bases de actuación urbanística a desarrollar (con programa temporal de urbanización y, si la hubiere, edificación);
- Estatutos y acuerdo de creación de sociedad mercantil en su caso;
- Garantías para la ejecución adecuada de la actuación (en todo caso superiores al 10% del valor del coste de ejecución material de las obras de urbanización);
- Cuantificación de los deberes legales de cesión y forma de cumplimiento;
- Procedimiento de liquidación final de la actuación;
- Forma de conservación de la urbanización cuando se haya ejecutado;
- Previsiones y compromisos sobre la edificación;
- Otros compromisos voluntariamente asumidos.

La falta de inclusión del contenido descrito dará lugar, con carácter general, a la **nulidad** del convenio cuando el contenido sea necesario y salvo que el defecto sea parcial y no impida alcanzar su fin al convenio, ni cause indefensión, en cuyo caso el vicio sería **anulable** (Art. 63 de la Ley 30/1992).

El legislador ha previsto, asimismo, dos contenidos específicos para dos supuestos de convenio determinados (Art. 246 LSCM apdos. 2 y 4):

- En el supuesto de que los firmantes con las administraciones asuman toda la iniciativa y responsabilidad de la gestión urbanística, se podrá detallar el régimen de ejecución totalmente e incluso aplicando determinaciones ajenas a los sistemas de ejecución previstos por el legislador;
- En el supuesto de que el convenio regule el cumplimiento del deber legal de cesión mediante sustitución por cantidad en metálico, incluirá, como anexo, la valoración pertinente realizada por los servicios administrativos. Para la STSJ de Madrid de 2 de diciembre de 2005, la falta de anexo no supone la anulación del convenio si, por el contrario, en el propio texto del convenio se contiene la valoración quedando «cumplida la finalidad de la norma que no es otra que la justificación del acto valorativo y que sea transparente, para el conocimiento y comprobación general».

NULIDAD (ART. 245 LSCM)

Debe destacarse la prohibición de los convenios urbanísticos de planeamiento, tras la modificación efectuada por la Ley 3/2007, de 26 de julio, de Medidas Urgentes de Modernización del Gobierno y la Administración de la Comunidad de Madrid. Con esta medida se trata de fortalecer la independencia de los ayuntamientos y garantizar mejor la transparencia de todas las decisiones urbanísticas.

De esta forma, el artículo 245 de la LSCM pasa a tener la siguiente redacción:

«Son nulos de pleno derecho los convenios urbanísticos de planeamiento, así como cualquier convenio o acuerdo, cualquiera que sea su denominación, que tenga por objeto definir los criterios de ordenación del futuro planeamiento urbanístico, o lo condicione de alguna forma mediante estipulaciones que establezcan la obligación de hacer efectivos antes de la aprobación definitiva, los deberes legales de cesión y, en su caso, los convenidos entre las partes que establezcan obligaciones o prestaciones adicionales más gravosas que las que procedan legalmente en perjuicio de los propietarios afectados».

Esta prohibición o nulidad de los convenios de planeamiento supone elevar a rango de prohibición la imposibilidad de que los convenios vedaran a las Administraciones el ejercicio de la potestad del "ius variandi" (en este sentido, STS de 5-4-2004).

También están prohibidos los adelantos monetarios sobre futuros aprovechamientos urbanísticos.

CONVENIO URBANÍSTICO DE GESTIÓN CONCERTADA (ART. 106.2)

En el Sistema de compensación cuando la iniciativa se formule por propietario único o haya conformidad de todos los propietarios de terrenos incluidos en el ámbito de actuación, sector o unidad de ejecución, la propuesta de estatutos y bases de actuación de la Junta de Compensación podrá ser sustituida por propuesta de convenio urbanístico con el contenido previsto para los convenios de ejecución del planeamiento.

CELEBRACIÓN, PERFECCIONAMIENTO Y PUBLICIDAD (ART. 247 Y 248 LSCM)

El procedimiento de **celebración y perfeccionamiento** de los convenios se sujetará a las siguientes reglas:

- **Fase de negociación y suscripción por las partes intervinientes.** Deberá sujetarse al principio de transparencia. El incumplimiento de este principio llevará aparejada la nulidad del procedimiento de celebración (nótese que nos encontramos ante la infracción de un principio de la contratación), salvo que el defecto sea parcial y no impida alcanzar su fin, ni cause indefensión, en cuyo caso será determinante de anulabilidad (Art. 63 de la Ley 30/1992)
- Trámite de **información pública** (Art. 247.1 de la LSCM). Se realizará:
  - Mediante anuncio en el «Boletín Oficial de la Comunidad de Madrid» y en, al menos, uno de los periódicos de mayor difusión.
  - Durante un período o plazo mínimo de veinte días.

El incumplimiento del trámite de información pública o de sus requisitos dará lugar, con carácter general, a la anulación del convenio salvo que el defecto de publicidad sea parcial (por ejemplo, un número inferior de días o periódico de difusión limitada) y no impida alcanzar su fin, ni origine indefensión (Art. 63 de la Ley 30/1992).

En el supuesto de que la negociación del convenio sea coincidente con la tramitación de la aprobación del instrumento de planeamiento objeto del mismo, el convenio se incluirá en la documentación del instrumento sometido a información pública, sustituyendo esa publicidad al trámite anteriormente mencionado (Art. 247.2 de la LSCM).

- Elaboración de **propuesta** de texto definitivo por el órgano negociador y traslado a la otra parte interviniente para su aceptación, reparo o renuncia (Art. 247.3 de la LSCM).
- **Ratificación** del convenio por el órgano competente de la Administración (Art. 247.4 de la LSCM).
  - o En el supuesto de órganos de la Comunidad, previo informe de la Comisión de Urbanismo de Madrid, el Gobierno de la Comunidad de Madrid.
  - o En el supuesto de municipios, el pleno del Ayuntamiento.
  - o En el supuesto de restantes organizaciones, el máximo órgano colegiado de la organización pública.

La ratificación o aprobación del convenio por una Administración u órgano incompetente conllevará su nulidad (en el supuesto de incompetencia por razón de la materia o del territorio, Art. 62.1.b de la Ley 30/1992) o anulabilidad (en el supuesto de incompetencia jerárquica convalidable).

- **Notificación y firma**. Una vez aprobado o ratificado el texto definitivo, el convenio se notificará a las personas interesadas y se firmará en el plazo de quince días desde la notificación.

PERFECCIONAMIENTO de los convenios urbanísticos (Art. 247.6 de la LSCM):

En Convenios de EJECUCIÓN:

- Se firmará dentro de los 15 días siguientes a la aprobación del texto definitivo.
- En caso de ausencia de firma en plazo: RENUNCIA.

En Convenios de PLANEMIENTO:

Mismo plazo, pero se computará desde la aprobación definitiva del planeamiento

PUBLICIDAD

Puede sistematizarse en dos contenidos (Art. 248 de la LSCM):

- **Registro y archivo**. Tanto en la Consejería competente en materia de ordenación urbanística como en los Ayuntamientos deberá existir un registro y archivo con los convenios urbanísticos. En él constará el texto de los mismos y en su caso la documentación anexa, dando fe de su contenido.

Consulta y copias. En cuanto al acceso a los archivos y registros, cualquier ciudadano (no se requiere interés específico alguno) tendrá derecho a:

- o Consultar los archivos y registros.
- o Obtener copia o certificaciones, previo abono, en su caso, del precio establecido.

TEMA XIII. PATRIMONIOS PÚBLICOS DE SUELO

CONCEPTO Y NATURALEZA JURÍDICA

Los patrimonios públicos de suelo son, según dispone el Art. 173 de la LSCM, **un instrumento de incidencia o intervención en el mercado inmobiliario** de la Comunidad Autónoma y los municipios. Característica fundamental es su carácter finalístico, como seguidamente se tratará.

En cuanto a su **naturaleza jurídica,** es la de **patrimonios independientes** respecto del resto de bienes y derechos del patrimonio cuya titularidad corresponda a la Comunidad de Madrid o municipios correspondientes (Art. 173.2 de la LSCM) y, por tanto, con independencia del régimen jurídico de la demanialidad o privacidad, siéndoles de aplicación el régimen jurídico específico previsto en la Ley.

CARÁCTER FINALISTA DE LOS PATRIMONIOS

Su finalidad será crear u obtener **reservas de suelo** para actuaciones de iniciativa pública y facilitar el cumplimiento de los fines previstos en la ordenación urbanística (Art. 173.1 de la LSCM).

Sin perjuicio de los límites legales específicos que podamos encontrar en lo que a cesión o enajenación de los bienes integrantes de los patrimonios públicos de suelo se refiere, las finalidades de los patrimonios son muy amplios, **alcanzando a viviendas, sistemas, equipamientos o incluso intervenciones mediales para abaratar precios.**

El incumplimiento del destino o fines legalmente establecidos llevará como efecto la anulación del destino asignado (STS de 31 de octubre de 2001) o la anulación del presupuesto.

CONSTITUCIÓN

El Art. 173.1 de la LSCM establece que la "Comunidad de Madrid y los municipios deberán constituir, mantener y gestionar sus respectivos patrimonios públicos de suelo".

Se configura pues como una **obligación** de los municipios y de la Comunidad de Madrid de crear y constituir el patrimonio de suelo correspondiente.

Como afirma la STSJ del País Vasco de 7 de mayo de 1999, "la integración o afectación de los bienes patrimoniales en el Patrimonio Municipal del Suelo no requiere acto administrativo alguno" salvo que el propio legislador así lo requiera «sino que es una consecuencia que se produce "ex lege", es decir que se deriva de las exigencias de la propia ley.

BIENES INTEGRANTES Y FONDOS ADSCRITOS

Los patrimonios públicos de suelo estarán integrados por los siguientes **BIENES** (Art. 174.1 de la LSCM):

- Bienes patrimoniales de la Comunidad de Madrid o municipios que sean asignados al patrimonio públicos del suelo y sus fines. La asignación podrá efectuarse mediante el planeamiento urbanístico, o en virtud de acto explícito. Se precisa un doble requisito: en primer lugar, el **carácter patrimonial del bien**; en segundo lugar, una **determinación urbanística o acto** que asigne el mismo al patrimonio público.
- Terrenos, construcciones y edificaciones adquiridos al **ejecutar el planeamiento** (incluso mediante convenios urbanísticos) y que no sean de dominio público (es decir, no afectos a un uso o servicio público).
- Terrenos, construcciones y edificaciones adquiridos mediante las **cesiones de aprovechamiento** correspondientes a los municipios en unidades o sectores de ejecución.
- Derechos sobre los terrenos a obtener por cesión con destino a dotaciones para redes locales y supramunicipales, en virtud del valor económico que tenga la **diferencia entre las edificabilidades objetivas y las normales previstas por el planeamiento**.
- Terrenos, construcciones y edificaciones **adquiridas** por la Comunidad de Madrid o municipios con el fin de incorporarlos al patrimonio público del suelo. La adquisición podrá efectuarse en virtud de cualquier título, incluida la **expropiación** y la finalidad de incorporación al patrimonio público podrá ser implícita.
- Terrenos, construcciones y edificaciones **cedidos** por la Comunidad de Madrid y los municipios, entre sí y con carácter gratuito, con la finalidad de su incorporación al patrimonio público de suelo correspondiente.
- **Cesiones** (en metálico o especie) para infraestructuras, equipamientos o servicios públicos en virtud de convenios o concursos públicos celebrados en desarrollo de la normativa urbanística y ajenas al cumplimiento de deberes u obligaciones legalmente establecidos.
- Terrenos recibidos por los Ayuntamientos por el pago de **canon** de **proyectos de actuación especial**.
- Bienes inmuebles o ingresos a incorporar en el patrimonio público del suelo por disposición o previsión legal.

Asimismo, los patrimonios públicos de suelo estarán integrados por los siguientes **FONDOS** (Art. 174.2 de la LSCM):

- Ingresos obtenidos con ocasión de la gestión y disposición del patrimonio público del suelo.
- Créditos con garantía hipotecaria en bienes integrantes del patrimonio público del suelo.
- Beneficios de las sociedades públicas o mixtas siempre y cuando el capital público de las mismas esté constituido por bienes integrantes del patrimonio público del suelo.
- Transferencias presupuestarias con la finalidad de adquirir bienes para el patrimonio público del suelo.
- Ingresos de los Ayuntamientos por el pago del canon de los proyectos de actuación especial.

DESTINO

El carácter finalista anteriormente comentado de los patrimonios públicos del suelo tiene efectos sobre el destino que ha de darse a los mismos.

Respecto de los bienes (incluidos ingresos) del patrimonio, una vez incorporados al proceso de urbanización y edificación, deberán ser destinados a alguno de los siguientes fines (Art. 176 de la LSCM):

- Viviendas sujetas a algún régimen de **protección** pública o integración social en el marco de las políticas o programas establecidos. Debemos resaltar el carácter amplio del régimen, cualquiera de protección pública e incluso de integración social
- Conservación o mejora del **medio ambiente o protección del patrimonio histórico-artístico**
- Actuaciones públicas para la obtención de terrenos y ejecución de redes de infraestructuras, equipamientos y servicios públicos
- Actuaciones declaradas de interés social
- Conservación y ampliación de los patrimonios públicos del suelo respectivos
- Gestión urbanística con finalidad de:
    - preparar y enajenar suelo edificable para incidir en el mercado inmobiliario
    - pagar mediante permutar suelo destinado a redes públicas
    - compensar los defectos de aprovechamiento en operaciones de equidistribución o limitaciones o vinculaciones singulares.

Recientemente, la Ley 27/2013, de 27 de diciembre, de racionalización y sostenibilidad de la Administración Local, en su disposición final cuarta, modifica el Real Decreto Legislativo 2/2008, de 20 de junio, por el que se aprueba el Texto Refundido de la Ley del Suelo.

Se incorpora un nuevo apartado 5 al art. 39, que permite que excepcionalmente y siempre que se cumplan una serie de requisitos, los municipios dispongan del patrimonio público del suelo para reducir la deuda comercial y financiera de los Ayuntamientos.

RESERVAS DE TERRENOS PARA SU INCORPORACIÓN AL PATRIMONIO MUNICIPAL DE SUELO

La Comunidad de Madrid y los municipios podrán determinar reservas de terrenos (construidos o no) para su posterior adquisición e incorporación en el patrimonio público del suelo. Debe reseñarse, asimismo, que la reserva podrá ser común a la Comunidad de Madrid y los municipios previa firma de **convenio** de cooperación entre ellos sobre la gestión de las reservas y los programas o actuaciones a desarrollar (Art. 175.3 de la LSCM).

La forma de realizar las reservas será, con carácter general, con sujeción al siguiente régimen:

- Sobre cualquier clase de suelo y terrenos, construidos o no (Art. 175.1 de la LSCM).
- A través de los instrumentos de ordenación del territorio y los planes generales y sectoriales.

El efecto de la delimitación o establecimiento de reservas será (Art. 175.2 de la LSCM)

- **La declaración de utilidad pública y la necesidad de ocupación a efectos de su expropiación.**
- Sujeción a los derechos de tanteo y retracto a favor de la Administración correspondiente, de todas las trasmisiones que se efectúen en las reservas.

El Art. 175.3 LSCM impone a la Comunidad de Madrid el deber de destinar cada año a la adquisición de su patrimonio público de suelo una cantidad no inferior al 0,5% del capítulo de ingresos de la Comunidad (computando dentro de la cantidad a destinar las adquisiciones que realicen a ese efecto los organismos autónomos, empresas dependientes de la Comunidad y consorcios urbanísticos en los que participe).

GESTIÓN DE LOS PATRIMONIOS: REGISTRO DE EXPLOTACIÓN E INFORME DE GESTIÓN

La gestión de los patrimonios públicos de suelo deberá sujetarse a dos **reglas** o previsiones legales (Art. 177 de la LSCM):

- Constituir un **Registro de Explotación** en el que incluyan
  - o Bienes integrantes del patrimonio público del suelo
  - o Depósitos e ingresos en metálico
  - o Enajenaciones, permutas y adquisiciones de bienes
  - o Destino final de los bienes

- Elaboración de **informe anual de gestión** de la explotación del patrimonio público del suelo que acompañará a la liquidación de las cuentas de los presupuestos anuales y será objeto del mismo control que la liquidación de las cuentas.

TRANSMISIÓN DE LOS BIENES INTEGRANTES DEL PATRIMONIO

Con carácter previo, debemos señalar, que la **ausencia** de alguno de los requisitos o supuestos necesarios para la forma de transmisión elegida conllevará la **nulidad o anulabilidad de la misma** (Art. 62 y 63 Ley 30/1992), salvo que nos encontremos ante defecto de escasa entidad, subsanable y que ni cause indefensión, ni impida alcanzar el fin al acto último.

La transmisión de los bienes integrantes del patrimonio público del suelo (régimen también aplicable a las transmisiones de los restantes bienes de la Comunidad de Madrid y de los municipios clasificados como urbano y urbanizable) podrá efectuarse de las siguientes formas (Art. 178.1 de la LSCM):

1°– Enajenación por concurso, con las siguientes reglas o notas características (Art. 178.1.a de la LSCM):

- El precio no será el único criterio determinante de la adjudicación
- El precio no podrá ser inferior al valor del bien conforme a los criterios legales generales de aplicación.

En el supuesto de que el concurso quedara desierto (Art. 178.2 de la LSCM) la Administración podrá optar por la enajenación directa en el plazo de un año y con sujeción a los pliegos o bases aprobados para el concurso.

2°.– Cesión a cualquier Administración pública o entidades dependientes o adscritas a ellas (Art. 178.1.b de la LSCM). Los requisitos o notas características de la cesión serán:

- Sujeto destinatario: Administración pública o entidades dependientes o adscritas
- Precio: Fijado en convenio interadministrativo
- Finalidad: Fomento de viviendas sujetas a algún régimen de protección pública o realización de programas de conservación o mejora medio ambiental.

El incumplimiento de los requisitos supondrá la **anulación** de la cesión.

3°.– Adjudicación, mediante concurso, o cesión gratuita a entidades cooperativas o de carácter benéfico y social sin ánimo de lucro (Art. 178.1.c de la LSCM). La transmisión podrá ser mediante concurso o cesión gratuita, siempre que se cumplan los siguientes requisitos:

- Destinatario: Entidades cooperativas o de carácter benéfico o social sin ánimo de lucro
- Finalidad: Construcción de viviendas sujetas a algún régimen de protección pública o realización de fines de interés social.

El incumplimiento de los requisitos, de nuevo, llevará anudada la **anulación** de la transmisión.

En el supuesto de que el concurso quedara desierto, la Administración podrá optar por la enajenación directa en el plazo de un año y con sujeción a los pliegos o bases aprobados para el concurso (Art. 178.2 de la LSCM).

4º.– Cesión gratuita a administración pública o entidad de dependiente o adscrita (Art. 178.1.d de la LSCM). El régimen será el siguiente:

- Destinatario: Administración pública o entidad dependiente o adscrita
- Carácter gratuito
- Mediante convenio

- Finalidad: Ejecución de dotaciones públicas o promoción de viviendas sujetas a algún régimen de protección pública o interés social. Se trata de una finalidad muy amplia, un concepto jurídico indeterminado, que deberá ser examinado en cada caso concreto.

El incumplimiento de los requisitos relativos a destinatario o finalidad llevará anudada la anulación de la transmisión.

5º.– Permuta por terrenos destinados a infraestructuras, equipamientos y servicios públicos (Art. 178.1.e de la LSCM).

TEMA XIV. LICENCIAS URBANÍSTICAS

NATURALEZA JURÍDICA

Las licencias urbanísticas tienen dos notas o características reiteradamente resaltadas por nuestra jurisprudencia:

a. Son **actos de autorización declarativos de derechos con control previo**
b. Son actos de **carácter reglado** (sólo cabe su denegación si lo pretendido infringe la ordenación urbanística, en caso contrario su otorgamiento deviene obligatorio).

En este sentido, la STS de 6-6-1997, recoge que "La licencia urbanística es un simple acto administrativo declarativo de derechos que se traduce en una autorización para llevar a cabo una obra o actividad, a través de un control previo de la actuación proyectada por el administrado, para verificar y comprobar si se ajusta o no a las exigencias al interés público plasmado en la ordenación urbanística vigente. Dado el carácter rigurosamente reglado de las licencias, necesariamente ha de otorgarse o denegarse, en su caso, según que la actuación pretendida se adapte o no a la ordenación urbanística aplicable".

INTERVENCIÓN MUNICIPAL EN ACTOS DE USO DEL SUELO, CONSTRUCCIÓN Y EDIFICACIÓN

ACTOS SUJETOS A INTERVENCIÓN MUNICIPAL (ART. 151 LSCM)

En primer lugar, debemos destacar el carácter general y global de los actos sujetos a licencias urbanísticas (Art. 151.1 de la LSCM). Por lo que toda **actuación o intervención sobre el suelo o subsuelo, que lo use, lo edifique o construya** estará sujeto a licencia, con independencia de que el suelo sea de dominio público (Art. 151.2 de la LSCM).

En segundo lugar, el Art. 151.1 de la LSCM pretende enunciar o concretar algunos de los actos sujetos a licencia, con carácter **enunciativo**.

Los actos explícitamente sujetos a licencia urbanística son los siguientes:

- Las parcelaciones, segregaciones o cualquiera otros actos de división de fincas o predios de cualquier calase de suelo, no incluidos en proyectos de reparcelación.
- Las obras de edificación, de construcción e implantación de instalaciones de toda clase de nueva planta.
- Las obras de ampliación, reforma, modificación o rehabilitación de edificios, construcciones e instalaciones ya existentes.
- Las obras y usos que hayan de realizarse con carácter provisional.
- La demolición de las construcciones y los edificios, con excepción de ruina física inminente.
- La primera utilización y ocupación de los edificios e instalaciones en general.
- El cambio objetivo, total o parcial, del uso de las construcciones, edificaciones e instalaciones de ejecución de las obras.
- El movimiento de tierra y las obras de desmonte y explanación en cualquier clase de suelo.
- La extracción de áridos y la explotación de canteras.
- La acumulación de vertidos y del depósito de materiales ajenos a las características propias del paisaje natural que contribuye al deterioro o degradación del mismo.
- El cerramiento de fincas, muros y vallados.
- Las aperturas de caminos, así como su modificación o pavimentación.
- La ubicación de casas prefabricadas e instalaciones similares, provisionales o permanentes.
- La instalación de invernaderos o instalaciones similares, provisionales o permanentes.
- La tala de masas arbóreas, de vegetación arbustiva o de árboles aislados que, por sus características, pueden afectar al paisaje o estén protegidos por la legislación sectorial correspondiente.
- La colocación de carteles y vallas de propaganda visibles desde la vía pública.
- Las instalaciones que afecten al subsuelo.
- Las instalaciones de tendidos eléctricos, telefónicos u otros similares y la colocación de antenas o dispositivos de telecomunicaciones de cualquier clase.
- La construcción de presas, balsas, obras de defensa y corrección de cauces públicos, vías públicas o privadas y, en general, cualquier tipo de obras o usos que afectan a la configuración de territorio.
- Los actos de construcción, edificación e intervención consistente en la ampliación, mejora, reforma, modificación o rehabilitación de las instalaciones existentes, en los aeropuertos y estaciones destinadas al transporte terrestre.
- Los de más actos que señalen los instrumentos de planeamiento urbanístico.

- Están también sujetos a licencia urbanística los actos de uso del suelo, construcciones y edificación que realicen los particulares en terrenos de dominio público.

ACTOS NO SUJETOS

El legislador, en el Art. 151.3 de la LSCM y de forma dispersa en otros apartados, ha establecido específicamente que no estarán sujetos a licencia urbanística las siguientes actuaciones:

a) Obras de urbanización previstas en los proyectos debidamente aprobados. La razón reside en el control ya existente en el proyecto o plan previsor de las obras de urbanización.
b) Parcelaciones o división de fincas incluidas en un proyecto de reparcelación. Dado que el contenido material y detallado del proyecto de reparcelación y el control sobre el mismo hacen innecesario un nuevo control mediante el otorgamiento de licencia.
c) Obras objeto de órdenes de ejecución.
d) Demoliciones en supuestos de ruina física inminente.

CONTENIDO Y ALCANCE DE LA INTERVENCIÓN MUNICIPAL (ART. 152 LSCM)

Comprende los siguientes aspectos:

- Legalidad y suficiencia del proyecto técnico.
- Habilitación legal del autor del proyecto.
- Conformidad o no de lo proyectado a la ordenación urbanística vigente.
- Solicitar, cuando sea necesario, informes de distintos departamentos del Ayuntamiento o de otros organismos públicos simultáneamente en un solo acto y una sola vez.
- Su emisión estará sujeta a la Ley 30/1992, sobre régimen jurídico de las administraciones públicas.
- La falta de resolución expresa y notificación dentro del plazo tendrá efectos estimatorios, salvo casos previstos.
- Se produce sin perjuicio del derecho de propiedad sobre el bien inmueble afectado y de los derechos de terceros.

INTERVENCIÓN DE ACTOS NO PRECISADOS DE PROYECTO TÉCNICO DE OBRAS DE EDIFICACIÓN. (ART. 153 LSCM)

Cuando se trata de obras de nueva planta o de ampliación, reforma, modificación o rehabilitación de construcciones o edificios ya existentes, de carácter provisional o permanente, con o sin previa demolición de aquellos, que, conforme a la legislación general de ordenación de la edificación, no precisen de proyecto de obras de edificación, la intervención municipal se producirá conforme a las siguientes reglas:

a) SOLICITUD DE LICENCIA URBANÍSTICA, con la siguiente documentación,

   1. Proyecto técnico exigible legalmente.
   2. Declaración del técnico/s facultativo/s que autorice/n el proyecto sobre su conformidad con la ordenación urbanística aplicable.
   3. Copia de las restantes autorizaciones y, en su caso, concesiones administrativas exigibles (o acreditación de su solicitud).
   4. Declaración de haber colocado cartel en el lugar de las obras anunciando la solicitud de la licencia y características de las mismas.
   5. Declaración de impacto ambiental cuando el uso al que se destinen las obras lo requiera.

   La falta o ausencia de los diversos documentos legalmente exigidos tendrá efectos distintos según la entidad de los mismos: **improcedencia** o denegación de la solicitud, o, en el supuesto de defectos de entidad limitada, el requerimiento para su **subsanación** (por ejemplo, la falta de declaración de impacto ambiental tendrá como efecto la improcedencia de la solicitud; la falta de declaración de cartel, un requerimiento de subsanación y en su caso expediente sancionador).

b) OBTENCIÓN PROVISIONAL DE LA LICENCIA cuando:

   1. Transcurran dos meses desde la solicitud de licencia por el promotor sin práctica (notificación) de requerimiento de subsanación o mejora de la documentación presentada.
   2. Transcurran dos meses desde haberse cumplido el requerimiento de subsanación o mejora sin notificación de resolución.

c) REGLAS DEL RÉGIMEN DE LICENCIA PROVISIONAL

   1. Supervisión y comprobación de las obras por los servicios técnicos municipales.
   2. Responsabilidad solidaria, respecto de la conformidad de las obras a la ordenación urbanística y adecuación del proyecto, del promotor, constructor, técnico o técnicos integrantes de la dirección de obras y ejecución.

d) SUBSANACIÓN

   En fase de ejecución de las obras, deberán ser objeto de subsanación los reparos de legalidad que por los servicios municipales se formulen por escrito tras las inspecciones que realicen.

e) INSPECCIÓN FINAL

Finalizadas las obras, deberá comunicarse al Ayuntamiento la certificación final de las mismas (con carácter previo a la recepción, en su caso, por el promotor) para que los servicios municipales practiquen una inspección final en el plazo máximo de un mes desde la comunicación. En la inspección, los servicios declararán la **conformidad** o **disconformidad** de las obras ejecutadas y del uso al que sean destinadas desde el punto de vista de la ordenación urbanística, siendo suficiente la declaración de conformidad para que por el Ayuntamiento se otorgue la licencia urbanística definitiva que incluirá la de primera ocupación.

f) PLAZO PARA RESOLVER LA LICENCIA DEFINITIVA

   Será de **un mes desde** el levantamiento del **acta de inspección de conformidad** (esta plazo se interrumpirá, nunca por plazo superior a tres meses, cuando se requiera la calificación ambiental).

g) En el supuesto de no acreditarse las restantes autorizaciones y, en su caso, concesiones administrativas, la licencia definitiva se otorgará a reserva de las que estén pendientes. La licencia adquirirá eficacia tras la obtención del resto de autorizaciones y concesiones.

INTERVENCIÓN DE ACTOS PRECISADOS DE PROYECTO TÉCNICO DE OBRAS DE EDIFICACIÓN (ART 154 LSCM)

En el supuesto de que nos encontremos ante obras de nueva planta o de ampliación, reforma, modificación o rehabilitación de ya existentes que precisen de proyecto de obras de edificación, las reglas específicas serán las siguientes:

1. Solo podrá comenzarse la ejecución de las obras **previa obtención** de la licencia urbanística.

2. SOLICITUD DE LICENCIA URBANÍSTICA. Precisará de la siguiente **documentación**,

   1' Proyecto técnico de obras de edificación redactado por el técnico competente.

   2' Declaración del técnico o técnicos autores sobre su conformidad con la ordenación urbanística aplicable.

   3' Copia de las restantes autorizaciones y, en su caso, concesiones administrativas exigibles (o acreditación de su solicitud).

   4' Declaración de haber colocado cartel en el lugar de las obras anunciando la solicitud de la licencia y características de las mismas.

   5' Restante documentación técnica.

   6' En el caso de obras de nueva plante de viviendas en régimen de protección, solicitud al órgano competente de la Comunidad de Madrid de la calificación provisional de las viviendas.

   7' Declaración de impacto ambiental cuando el uso al que se destinen las obras lo requiera.

3. En el supuesto de proyectos de obra de edificación junto con proyectos parciales o documentos técnicos de elementos autónomos, la Administración municipal podrá otorgar licencia para la primera obra a reserva de que se vaya integrando con la sucesiva aprobación de los restantes. Las aprobaciones sucesivas sólo podrán darse en el caso de ser factible técnicamente.

4. En caso de obras complejas pero viables urbanísticamente, se podrá, dentro del procedimiento, aplicar un **programa de autorización por partes autónomas** de las obras. Las autorizaciones se entenderán bajo la condición resolutoria de la licencia definitiva aunque habilitarán y legitimarán la ejecución de las obras a que se refieran si así se dispusiere.

5. La solicitud sólo podrá ser objeto de un **único requerimiento** de subsanación de deficiencias y, en su caso, mejora. El requerimiento deberá notificarse en el plazo de un mes desde la fecha de presentación de la solicitud.

6. La licencia se entenderá obtenida por **silencio positivo** cuando

1' Transcurran **tres meses desde la presentación** de la solicitud de la licencia sin notificación de requerimiento o resolución municipales. Nótese que la fecha "ad quem" es la de notificación.

2' Transcurra **un mes desde el cumplimiento del requerimiento** de subsanación de deficiencias o mejora de la solicitud sin notificación de resolución. La fecha "a quo" será la de presentación, la "ad quem", de nuevo, de notificación.

7. Respecto de las **licencias de primera ocupación**, les será de aplicación los criterios e), f) y g) descritos para los actos no precisados de proyecto técnico de obras de edificación. En el supuesto de obras de construcción de viviendas en régimen de protección, el otorgamiento de la licencia de primera ocupación requerirá, con carácter previo, la calificación definitiva de las mismas por el órgano competente de la Comunidad de Madrid. La falta de acreditación de la calificación llevará aparejada la denegación de la licencia.

INTERVENCIÓN DE USOS (ART. 155 LSCM)

Con carácter general, el ejercicio de actividades no se someterá a la obtención de licencia u otro medio de control preventivo. Según lo establecido en el artículo 84 bis de la Ley de Bases de Régimen Local, en su redacción dada por el número 20 del artículo primero de la Ley 27/2013 de racionalización y sostenibilidad de la Administración Local.

Las reglas específicas de aplicación cuando nos encontremos ante una modificación de los usos ya establecidos, sin necesidad de ejecución de obras; (para el resto de actividades no es exigible licencia, solo comunicación previa), son las siguientes:

1. La solicitud de licencia deberá acompañarse de

a. Documentación técnica exigible

b. Consulta previa al Ayuntamiento sobre la legitimación del uso o uso

c. Copia de las autorizaciones o, en su caso, concesiones administrativas exigibles, o acreditación de su solicitud

d. Declaración del impacto ambiental cuando el uso lo requiera.

2. La **presentación de la solicitud**, con los documentos mencionados, llevará aparejada automáticamente la **autorización provisional** para la implantación y desarrollo del uso o usos pretendidos (siempre y cuando sean conformes a la normativa de aplicación).
3. El **plazo** para resolver la solicitud será de **un mes** desde su presentación, con arreglo a los siguientes criterios
   A) Se suspenderá, máximo tres meses, en el supuesto de que fuere necesaria la calificación ambiental del uso
   B) Se interrumpirá por una sola vez en el supuesto de requerimiento de subsanación de deficiencias o mejora de la solicitud
   C) La falta de notificación de la resolución en el plazo de un mes supondrá la concesión de la licencia. **Silencio Positivo**.
4. El desarrollo y ejecución de los usos estarán sujetos a inspección municipal y a la obligación de cumplimentar los reparos de legalidad, seguridad o salubridad (incluso sobrevenida) que por escrito formulen los servicios técnicos municipales. El incumplimiento de los mismos podrá dar lugar tanto a la incoación de procedimientos de protección de la legalidad urbanística como a sanción por infracción.

INTERVENCIÓN EN LOS RESTANTES ACTOS SUJETOS A LICENCIA URBANÍSTICA (ART 156 LSCM)

Igualmente en este apartado hay que tener en cuenta lo recogido en la ley 2/2012 de dinamización de la actividad comercial en la Comunidad de Madrid, sobre la inexigibilidad de licencias para determinadas actividades y uso, a las que les bastara con lo establecido en los siguientes artículos:

Artículo 3.- Actos de ejecución de obras y ejercicio de actividad

La ejecución de obras y el ejercicio de la actividad, en el ámbito de aplicación de esta ley, se iniciarán con la simple presentación de los siguientes documentos:

a) Declaración responsable, en la que el interesado manifieste que cumple con la legislación vigente.
b) Proyecto técnico que en cada caso proceda.
c) Liquidación de la tasa, o precio, o contraprestación económica que, en su caso, corresponda.

Artículo 4.- Actos de implantación de actividad o de modificación de una ya existente

La implantación de una actividad o la modificación de una ya existente, sin ejecución de obras de clase alguna, se iniciarán con la simple presentación de la declaración responsable, la documentación técnica exigible y la liquidación de la tasa, o precio, o contraprestación económica que, en su caso, corresponda.

Artículo 5.- Otros actos de naturaleza urbanística

Cuando se trate de otros actos de naturaleza urbanística no contemplados en los artículos anteriores, los mismos se iniciarán con su simple comunicación acompañada de la liquidación de la tasa, precio o contraprestación económica que, en su caso, corresponda.

En el supuesto de actos sujetos a intervención municipal distintos de los descritos hasta el momento (actos no precisados de proyecto técnico de obras de edificación, actos sí precisados de proyecto e intervención de usos), las reglas serán las siguientes (Art. 156 de la LSCM):

Deberá **comunicarse** al Ayuntamiento la intención de realizar el acto

- con una antelación mínima de quince días hábiles a su fecha de realización o comienzo de ejecución
- **conteniendo**:
  - a' Descripción suficiente de las características del acto
  - b' Declaración de técnico facultativo habilitado legalmente de su conformidad a la ordenación urbanística
  - c' Copia de las restantes autorizaciones y, en su caso, concesiones
  - d' En el caso de parcelaciones en suelo no urbanizable de protección y urbanizable sectorizado, el informe exigido por la legislación de aplicación.

Transcurrido el plazo de antelación para la comunicación, se producirán los efectos de la licencia urbanística excepto en el supuesto de que dentro del plazo de los quince días siguientes a la comunicación del Ayuntamiento adopte las **medidas provisionales que considere oportunas para evitar contravenciones del ordenamiento urbanístico,** de forma motivada y comunicándolas, de forma que se permita acreditar su recepción, al interesado.

Después de la medida provisional, el Ayuntamiento deberá dictar en el plazo de quince días la orden de ejecución que proceda para garantizar la plena adecuación del acto o los actos a la ordenación urbanística (esta orden gozará de los efectos de licencia urbanística).

RÉGIMEN JURÍDICO DE LAS LICENCIAS (ART. 157 LSCM)

Sin perjuicio de que el Reglamento Orgánico del Municipio regule el procedimiento, deben resaltarse unas reglas o criterios generales:

- **Solicitud de los informes** de los distintos departamentos del Ayuntamiento o de otras Administraciones cuando sean legalmente preceptivos [Art. 157.2.1.a) LSCM]. La solicitud deberá realizarse en un **solo acto y por una vez**, estando sujeta su emisión a la legislación general de procedimiento común (Arts. 82 y 83 de la Ley 30/1992)

  La falta de solicitud de los informes legalmente preceptivos tendrá como efecto legal general, salvo subsanación, la retroacción de actuaciones para su solicitud.
- **Necesidad de informes técnico y jurídico sobre la conformidad del acto** o uso pretendidos, emitidos por los servicios municipales u organización

pública establecida. La **ausencia** de los distintos informes (técnico, jurídico o del secretario o secretaria municipal) constituirá una irregularidad formal cuyos efectos dependerán de que causen indefensión o impidan alcanzar el fin del acto (Art. 63.2 de la Ley 30/1992).

En principio los informes no son vinculantes, pudiendo apartase, **motivadamente**, las Administraciones de los mismos, salvo disposición expresa en contrario.

- La **resolución final,** en **caso de ser denegatoria, deberá** también **ser motivada** (Art. 157.2.2º de la LSCM). Lo que supone una concreción del régimen general de motivación de los actos administrativos (Art. 54.1.a de la Ley 30/1992) y su incumplimiento llevará aparejada la anulación y retroacción de actuaciones.
- La falta de resolución expresa en el plazo legalmente establecido dará lugar con carácter general al **silencio administrativo positivo** [en este sentido, Art. 152.c) de la LSCM y Art. 43 de la Ley 30/1992, de 26 de noviembre]. Este silencio positivo tendrá como **límite** (Art. 11.2 de la LSCM) **la adquisición de facultades contrarias a la legislación urbanística y planeamiento**.

EFICACIA TEMPORAL Y CADUCIDAD(ART. 158 LSCM)

REGLA GENERAL: todas las licencias se otorgan por un PLAZO DETERMINADO para su inicio y terminación.

Si se otorgan POR ACTO PRESUNTO o sin indicación expresa del plazo:

* 1 año para inicio de obras.
* 3 años para terminación de obras.

EXCEPCIÓN: las licencias referidas a usos tendrán VIGENCIA INDEFINIDA.

El incumplimiento de cualesquiera de los dos plazos expresados (para el inicio de las obras o para su finalización) dará lugar a la **caducidad** de la licencia (Art. 158.2 de la Ley).

PRÓRROGA (ART. 158.2 DE LA LSCM)

Existe la posibilidad de prorrogar los plazos de inicio o finalización de las obras ajustándose al siguiente régimen:

1. Solicitud justificada y previa a agotarse el plazo a prorrogar por la persona titular de la licencia;
2. Conformidad de la licencia con la ordenación vigente en el momento de otorgar la prórroga;
3. Prórroga por una sola vez y plazo no superior al inicial.

El **incumplimiento de los requisitos** de la solicitud (su falta de justificación o su formulación extemporánea o por persona distinta de la legitimada) podrá dar lugar a su **denegación**.

DECLARACIÓN DE CADUCIDAD

Una vez que concurra el supuesto de caducidad (transcurridos e incumplidos los plazos), el órgano competente deberá, bien de oficio o a instancia de parte, seguir los siguientes trámites (Art. 158.2 de la LSCM):

1. **Audiencia** al titular de la licencia sobre la caducidad de la misma y archivo de las actuaciones.
2. Declaración de **caducidad y archivo** de las actuaciones.

EFECTOS (ART. 158.3 DE LA LSCM)

- **Imposibilidad de iniciar o continuar con las obras** salvo que se solicite una nueva licencia de conformidad con la normativa vigente en el momento de la nueva solicitud.
- Transcurridos dos meses desde la notificación de la declaración de la caducidad sin nueva solicitud de licencia, o desestimada ésta, se podrá aplicar el régimen de **ejecución sustitutoria o expropiación forzosa** sin requerir la inclusión de la parcela o solar en el área delimitado al efecto.

LICENCIAS DISCONFORMES SOBREVENDIDAMENTE CON EL PLANEAMIENTO URBANÍSTICO

- Cuando las licencias resulten sobrevenidamente disconformes con el Planeamiento Urbanístico, por la aprobación de un nuevo Plan de Ordenación Urbanística o de la revisión o modificación del vigente, y las obras no hayan concluido, el AYUNTAMIENTO:
- Declarará, motivadamente, la DISCONFORMIDAD, lo que conllevará la inmediata SUSPENCIÓN DE LAS OBRAS o de usos por el plazo máximo de 2 meses.
- Dentro del período de vigencia de la suspensión legal y previa audiencia del interesado, REVOCARÁ la licencia en todo o en parte:
  - Se establecerá los términos y condiciones en que las obras ya iniciadas o los usos que venían desarrollándose PODRAN SER TERMINADOS O CONTINUAR DESARROLLÁNDOSE.
  - Se fijara la INDEMNIZACIÓN POR LOS DAÑOS Y PERJUICIOS CAUSADOS, en su caso.

A MODO DE ESQUEMA. LICENCIAS URBANÍSTICAS.

INTERVENCIÓN MUNICIPAL EN ACTOS DE USO DEL SUELO, CONSTRUCCIÓN Y EDIFICACIÓN

ACTOS SUJETOS A INTERVENCIÓN MUNICIPAL

(Art. 151 LSCM)

- Las parcelaciones, segregaciones o cualquiera otros actos de división de fincas o predios de cualquier clase de suelo, no incluidos en proyectos de reparcelación.
- Las obras de edificación, de construcción e implantación de instalaciones de toda clase de nueva planta.
- Las obras de ampliación, reforma, modificación o rehabilitación de edificios, construcciones e instalaciones ya existentes.
- Las obras y usos que hayan de realizarse con carácter provisional.
- La demolición de las construcciones y los edificios, con excepción de ruina física inminente.
- La primera utilización y ocupación de los edificios e instalaciones en general.
- El cambio objetivo, total o parcial, del uso de las construcciones, edificaciones e instalaciones de ejecución de las obras.

- El movimiento de tierra y las obras de desmonte y explanación en cualquier clase de suelo.
- La extracción de áridos y la explotación de canteras.
- La acumulación de vertidos y del depósito de materiales ajenos a las características propias del paisaje natural que contribuye al deterioro o degradación del mismo.
- El cerramiento de fincas, muros y vallados.
- La apertura de caminos, así como su modificación o pavimentación.
- La ubicación de casas prefabricadas e instalaciones similares, provisionales o permanentes.
- La instalación de invernaderos o instalaciones similares, provisionales o permanentes.

- La tala de masas arbóreas, de vegetación arbustiva o de árboles aislados que, por sus características, pueden afectar al paisaje o estén protegidos por la legislación sectorial correspondiente.
- La colocación de carteles y vallas de propaganda visibles desde la vía pública.
- Las instalaciones que afecten al subsuelo.
- Las instalaciones de tendidos eléctricos, telefónicos u otros similares y la colocación de antenas o dispositivos de telecomunicaciones de cualquier clase.
- La construcción de presas, balsas, obras de defensa y corrección de cauces públicos, vías públicas o privadas y, en general, cualquier tipo de obras o usos que afectan a la configuración de territorio.
- Los actos de construcción, edificación e intervención consistente en la ampliación, mejora, reforma, modificación o rehabilitación de las instalaciones existentes, en los aeropuertos y estaciones destinadas al transporte terrestre.
- Los demás actos que señalen los instrumentos de planeamiento urbanístico.
- Están también sujetos a licencia urbanística los actos de uso del suelo, construcciones y edificación que realicen los particulares en terrenos de dominio público.

(Art. 152 LSCM)

CONTENIDO Y ALCANCE DE LA INTERVENCIÓN MUNICIPAL

- Legalidad del proyecto técnico.
- Habilitación legal del autor del proyecto.
- Conformidad o no de lo proyectado a la ordenación urbanística vigente.
- Solicitar informes de distintos departamentos del Ayuntamiento o de otros organismos públicos se hará simultáneamente en un solo acto y una sola vez.
- La falta de resolución expresa y notificación dentro del plazo tendrá efectos estimatorios, salvo casos previstos.
- Se produce sin perjuicio del derecho de propiedad sobre el bien inmueble afectado y de los derechos de terrenos.

INTERVENCIÓN DE ACTOS NO PRECISADOS DE PROYECTO TÉCNICO DE OBRAS DE EDIFICACIÓN. (ART. 153 LSCM)

Cuando se trata de obras de nueva planta o de ampliación, reforma, modificación o rehabilitación de construcciones o edificios ya existentes, de carácter provisional o permanente, con o son previa demolición de aquellos, que, conforme a la legislación general de ordenación de la edificación, no precisen de proyecto de obras de edificación, la intervención municipal se producirá conforme a las siguientes reglas:

TRAMITACIÓN

SOLICITUD DE LICENCIA: por parte del promotor. Comportará la licencia urbanística provisional si trascurren 2 meses sin requerimiento por el ayuntamiento de subsanación o mejora de documentación presentada.
CONDICIONES LEGALES DE LA SOLICITUD :
-Supervisión y control de obras por técnicos municipales. -
-Responsabilidad solidaria de: el promotor, el constructor, técnico director de obras y su ejecución.

REQUISITOS DE LA SOLICITUD

- Proyecto técnico.
- Autorización del proyecto por técnico correspondiente.
- Copia de las demás autorizaciones, y en su caso de concesiones administrativas.
- Declaración de colocación de cartel anunciando solicitud de licencia y descripción de las obras para las que se solicita la misma.
- Declaración de impacto ambiental, en su caso.

SUBSANACIÓN

Deberán subsanarse durante la ejecución de las obras los reparos de legalidad como consecuencia de las inspecciones municipales.

INSPECCIÓN FINAL

Comunicada al ayuntamiento la certificación final de obras, se practicará inspección final en el plazo máximo de 1 mes.

OTORGAMIENTO DE LICENCIA

La declaración de conformidad bastará para el otorgamiento por el Ayuntamiento de la licencia urbanística definitiva.
Incluye la de primera ocupación.

PLAZOS

El plazo para la resolución de la licencia es de 1 mes

INTERVENCIÓN DE ACTOS PRECISADOS DE PROYECTO TÉCNICO DE OBRAS DE EDIFICACIÓN (ART. 154 LSCM)

Cuando se trate de obras de nueva planta o de ampliación, modificación o rehabilitación en edificios ya existentes, de carácter provisional o permanente, con o sin previa demolición de aquellos, que conforme a la legislación general de ordenación de la edificación, **precisen de proyecto de obras de edificación**, la intervención municipal se producirá conforme a las siguientes reglas:

REQUISITOS DE LA SOLICITUD	**Deberá acompañarse la solicitud de licencia de los siguientes documentos:** • Proyecto técnico. • Declaración del técnico de su conformidad a la legalidad urbanística aplicable. • Copia de las demás autorizaciones, y en su caso de concesiones administrativas. • Declaración de colaboración de cartel anunciando solicitud de licencia y características de las obras para solicitud de la misma. • Resto de documentación técnica exigible. • Calificación provisional de viviendas si lo que se pretende es la construcción de viviendas en régimen de protección. • Declaración del impacto ambiental, si lo requiere el uso.
TRAMITACIÓN	**SUBSANACIÓN:** El ayuntamiento sólo podrá formular a la solicitud un único requerimiento de de subsanación de deficiencias y en su caso mejora que deberá notificarse dentro del mes siguiente a la presentación de la misma. **PLAZOS:** Transcurridos 3 meses desde la presentación de la licencia sin notificación o requerimiento, o 1 mes desde el cumplimiento de la subsanación, se entenderá otorgada la licencia por silencio administrativo.
PARTICULARIDADES	LICENCIAS PARA PROYECTOS PARCIALES RELATIVOS A ELEMENTOS AUTÓNOMOS: Cuando junto con el proyecto de obras de edificación se presentan proyectos parciales o documentos técnicos relativos a elementos autónomos de las obras o instalaciones especiales, podrá otorgarse, si ello fuera factible técnicamente, licencia para el primero a reserva de la integración sucesiva en la misma por las aprobaciones separadas de los segundos. LICENCIAS PARCIALES EN FUNCIÓN DEL PROGRAMA DE OBRAS: Cuando las obras presentan suficiente complejidad, pero sea clara su visibilidad urbanística en conjunto, podrá también convertirse en el seno del procedimiento y para la preparación de la resolución sobre la licencia, un programa de autorización por partes autónomas de las obras.

LICENCIA DE PRIMERA OCUPACIÓN

CARACTERÍSTICAS:

- Comunicada al Ayuntamiento la certificación final de obras, se practicará inspección final en el plazo máximo de 1 mes desde la comunicación, con declaración de la conformidad o no de las obras ejecutadas y del uso a que vaya a ser destinadas a la ordenación urbanística aplicable.
- La licencia urbanística se otorgara por el Ayuntamiento.
- El plazo para la resolución de la licencia es de 1 mes.

EXCEPCIÓN:

Si se trata de VPO la licencia de 1° ocupación se concederá con la acreditación de calificación definitiva de las mismas por la Comunidad de Madrid.

INTERVENCIÓN DE USOS (Solo para cambios de uso, en el resto de actividades no es exigible la licencia, solo declaración responsable o acto comunicado))

OBJETO

SOLICITUD DE LICENCIA:
Se solicitará licencia cuando se trate de actos de implantación de usos o modificación de los ya establecidos para el desarrollo de actividades en terrenos, edificios, construcciones o instalaciones sin ejecución de obras de clase alguna.

DOCUMENTACIÓN

REQUISITOS DE SOLICITUD:

- Documentación técnica exigible.
- Consulta previa al Ayuntamiento sobre la legitimidad de uso / usos.
- Copia de resto de autorizaciones.
- Declaración de impacto ambiental, cuando el uso lo requiera.

EFECTOS DE LA SOLICITUD

La mera presentación de la solicitud y todos los documentos exigibles comportará automáticamente la autorización provisional para la implantación del uso.

PLAZOS

El Ayuntamiento resolverá en el plazo de 1 mes desde su presentación.
La ausencia de notificación dentro del plazo de resolución expresa comportará la concesión de licencia.

INSPECCIÓN

Pase a la autorización mediante licencia expresa o presunta, los usos mientras persistan estarán sujetos a inspección municipal.

INTERVENCIÓN EN LOS RESTANTES ACTOS SUJETOS A LICENCIA URBANÍSTICA (ART. 156 LSCM)

↓

- La legitimación de los demás actos sujetos a licencia, se producirá mediante la COMUNICACIÓN AL AYUNTAMIENTO de la intención de llevar a cabo el acto con una ANTELACIÓN MÍNIMA DE 15 DIAS HÁBILES.

↓

- La comunicación estará ACOMPAÑADA DE:
  - Descripción de las características del acto.
  - Declaración del técnico facultativo habilitado.
  - Copia de las restantes autorizaciones.
  - En el supuesto de parcelaciones en SNU y SUNS, se acompañara el informe previo y vinculante de la Consejería competente en materia de agricultura, al que se refiere el artículo 144 de la Ley,

↓

- Trascurrido el plazo señalado, la comunicación practicada producirá los EFECTOS DE LA LICENCIA URBANISTICA.

↓

- Dentro de los 15 días siguientes a la comunicación, el Ayuntamiento podrá adoptar las MEDIDAS PROVISIONALES para evitar toda alteración de la realidad en contra de la ordenación urbanística.

↓

- El Ayuntamiento deberá dictar la ORDEN DE EJECUCIÓN que proceda para garantizar la plena adecuación del acto dentro de los 15 días siguientes a la adopción de cualquier medida provisional.

↓

- La orden que se dicte producirá los efectos propios de la licencia urbanística.

RÉGIMEN JURÍDICO DE LAS LICENCIAS(ART. 157 LSCM)

COMPETENCIA

- El Alcalde u órgano municipal en que delegue.

PROCEDIMIENTO

- Regulado en el Reglamento Orgánico del Municipio.
- Se establecerá los siguientes ACTOS DE INSTRUCCION
  - los informes de otras administraciones publicas
  - Los informes técnicos y jurídicos sobre la CONFORMIDAD DEL ACTO o el uso pretendido.
- MOTIVACIÓN de la resolución denegatoria.

EFICACIA TEMPORAL Y CADUCIDAD (ART. 158 LSCM)

- REGLA GENERAL: todas las licencias se otorgan por un PLAZO DETERMINADO para su inicio y terminación.
- Si se otorgan POR ACTO PRESUNTO o sin indicación expresa del plazo:
  * 1 año para inicio de obras.
  * 3 años para terminación de obras.

↓

- EXCEPCIÓN: las licencias referidas a usos tendrán VIGENCIA INDEFINIDA.

↓

- El Ayuntamiento podrá conceder PRÓRROGAS:
  - Una única prorroga.
  - Nuevo plazo no superior al inicialmente pactado.

↓

- El órgano competente declarará la CADUCIDAD de las licencias, de oficio o a instancia de parte, una vez transcurrido e incumplido los plazos.

↓

- La declaración de caducidad extinguirá la licencia:
  - Dos meses para solicitar una nueva.
  - Si transcurren 2 meses sin solicitar nueva licencia o esta se desestima, se podrá aplicar el régimen de ejecución sustitutoria o en su caso la expropiación forzosa.

LICENCIAS DISCONFORMES SOBREVENDIDAMENTE CON EL PLANEAMIENTO URBANÍSTICO

- Cuando las licencias resulten sobrevenidamente disconformes con el Planeamiento Urbanístico, por la aprobación de un nuevo Plan de Ordenación Urbanística o de la revisión o modificación del vigente, y las obras no hayan concluido, el AYUNTAMIENTO:
- Declarará, motivadamente, la DISCONFORMIDAD:
  - Inmediata SUSPENCIÓN DE LAS OBRAS o de usos por el plazo máximo de 2 meses.

- Dentro del período de vigencia de la suspensión legal y previa audiencia del interesado, REVOCARÁ la licencia en todo o en parte:
  - Se establecerá los términos y condiciones en que las obras ya iniciadas o los usos que venían desarrollándose PODRAN SER TERMINADOS O CONTINUAR DESARROLLÁNDOSE.
  - Se fijara la INDEMNIZACIÓN POR LOS DAÑOS Y PERJUICIOS CAUSADOS, en su caso.

TEMA XV. LA DISCIPLINA URBANÍSTICA Y LA CONSERVACIÓN DE LOS EDIFICIOS

RUINA LEGAL Y RUINA FÍSICA (ART. 171 Y 172 LSCM)

SUPUESTOS DE RUINA LEGAL	Cuando el coste de las reparaciones necesarias para garantizar la solidez estructural y el uso efectivo sea mayor a la mitad del valor de una edificación similar, excluido el valor del suelo. Cuando el coste de los trabajos realizados en las dos últimas inspecciones periódicas sumado a los nuevos a ejecutar, superen la mitad del valor de una edificación similar, excluido el valor del suelo.
PROCEDIMIENTO	Resolución de Alcalde, previa audiencia de la propiedad y titulares de derechos afectados. La resolución contendrá las medidas para evitar daños y el pronunciamiento sobre incumplimiento o no del deber de conservación.
DEBERES DEL PROPIETARIO	• Proceder a la completa rehabilitación o a la demolición (a su elección), cuando **no** se trate de una edificación protegida o catalogada. • En el caso de edificio protegido o catalogado, adoptar las medidas necesarias para garantizar la seguridad. Para la rehabilitación definitiva, se podrá convenir con el Ayuntamiento, con ayudas económicas.
LA RUINA FÍSICA INMINENTE	Cuando una edificación suponga un peligro para la seguridad pública o la integridad del patrimonio protegido, el Alcalde dispondrá las medidas precisas, incluida la demolición necesaria y el desalojo que garanticen la seguridad de las personas y las cosas. Ello no implica la declaración de la situación de ruina legal. Todos los gastos serán abonados por propietario hasta el límite de deber legal de conservación, esto es que el importe de las obras no rebase la mitad del valor de un edificio o construcción de similares características.

INSPECCIÓN URBANÍSTICA

FUNCIONES DE INSPECCIÓN (Art. 190 LSCM)	**SERVICIOS DE INSPECCIÓN (Art. 191 LSCM)**	**VISITAS Y ACTAS (Art. 192 LSCM)**
Potestad inexcusable de: .Velar por el CUMPLIMIENTO de la ordenación urbanística y, en general, de las normas protectoras de medio ambiente. .VIGILAR, INVESTIGAR Y CONTROLAR la actuación de todos los implicados en la actividad de ejecución regulada en la presente Ley. .DENUNCIAR cuantas anomalías observe en la ejecución o aplicación de los instrumentos para la ordenación urbanística. .INFORMAR a las administraciones y autoridades competentes sobre la adopción de las medidas cautelares y definitivas que juzgue convenientes para el cumplimiento de la ordenación urbanística. .Desempeñar cuantas OTRAS FUNCIONES asesoras, inspectoras y de control le sean encomendadas. .En el ejercicio de sus funciones, los inspectores gozaran de PLENA AUTONOMÍA, y tendrán la condición de agentes de la autoridad. .Los inspectores ejercerán sus funciones provistos de un DOCUMENTO OFICIAL que acredite su condición.	• La Comunidad de Madrid y los Municipios tienen plena COMPETENCIA, debiendo cooperar y coordinarse para el desarrollo de las tareas de inspección. • Los Servicios de inspección urbanística de la Comunidad de Madrid ESTÁN ADSCRITOS A LA CONSEJERIA COMPETENTE en materia de ordenación urbanística. • Todos los Ayuntamientos deberán contar con una UNIDAD ADMINISTRATIVA dedicada exclusivamente al ejercicio de funciones inspectoras.	• Concedida la Licencia Urbanística, las obras que se realicen a su amparo, deberán ser VISITADAS a efectos de su inspección al menos 2 VECES: -una con motivo del inicio o acta de replanteo de las obras. -otra con motivo de la terminación de las obras. • **ACTA DE INSPECCIÓN**: -Se levantará de cada visita -Tiene la consideración de Documento Público Administrativo. -Deberá ir firmada por el inspector actuante. -Gozan de presunción de veracidad. • La inspección urbanística llevará a cabo todas las VISITAS que sean precisas.

PROTECCIÓN DE LA LEGALIDAD URBANÍSTICA

MEDIDAS DE PROTECCIÓN SOBRE OBRAS, CONSTRUCCIONES Y USOS SIN LICENCIA

ACTOS EJECUTADOS SIN LICENCIA U ORDEN DE EJECUCIÓN (Art. 193 LSCM)	LEGALIZACIÓN DE ACTOS DE EDIFICACIÓN O USO DEL SUELO EN CURSO DE EJECUCIÓN (Art. 194 LSCM)
El Alcalde dispondrá la SUSPENSIÓN INMEDIATA del acto, y lo comunicará a la Consejería competente.	En el plazo de dos meses desde la notificación de la suspensión, el interesado deberá solicitar la legalización o, en su caso, ajustar las obras o los usos a la licencia u orden de ejecución.
La Consejería desde que tenga conocimiento del acto, se dirigirá al Alcalde requiriéndole que suspenda, si transcurrido 10 días desde la recepción de este requerimiento el Alcalde no comunicara haber adoptado la medida de suspensión, ésta se acordará directamente por el Consejero competente.	Si transcurrido el plazo de dos meses el interesado no hubiese presentado la solicitud de legalización, o no hubiese ajustado la obra a las condiciones señaladas en la licencia, la Comisión de Gobierno, o el Ayuntamiento en Pleno, en el caso de que la comisión no exista, acordaran la DEMOLICION DE LAS OBRAS A COSTA DEL INTERESADO y procederán a impedir definitivamente los usos a los que diera lugar. De igual manera procederá si la autorización fuera denegada.
Cuando no se cumpla voluntariamente la orden de suspensión se dispondrá provisionalmente, el precinto de las obras o del local y la retirada de la maquinaria y los materiales que estuvieran empleándose en las obras.	El acuerdo municipal deberá ser NOTIFICADO A LA CONSEJERÍA competente en materia de ordenación urbanística.
El INCUMPLIMIENTO de la orden de suspensión podrá dar lugar a la imposición de MULTAS COERCITIVAS. Del incumplimiento se dará cuenta en todo caso, al Ministerio Fiscal a los efectos de la exigencia de la responsabilidad penal que proceda.	Cuando el acto en curso de ejecución sin licencia u orden de ejecución consistiera en la demolición de una construcción o edificio, la Comisión de Gobierno, o el Ayuntamiento en Pleno, en su caso, ordenará LA RECONSTRUCCIÓN DE LO INDEBIDAMENTE DOMOLIDO.
	Si se tratara de un edificio o de una construcción de valor histórico-artístico o incluido en catálogos de Planes de Ordenación Urbanística, se ordenara el CESE DEFINITIVO DEL ACTO.
	De no procederse a la ejecución de los acuerdos municipales anteriormente descritos, dentro de los 2 meses siguientes a su adopción, el Consejero, previo requerimiento al Alcalde para que proceda a su ejecución dentro del plazo determinado, podrá proceder a disponer la demolición a costa del interesado.
	El plazo máximo de notificación de la resolución de el procedimiento aquí descrito será de 10 MESES.

MEDIDAS SOBRE OBRAS, CONSTRUCCIONES Y USOS TERMINADOS

ACTOS DE EDIFICACIÓN O USO DEL SUELO YA FINALIZADOS, SIN LICENCIA U ORDEN DE EJECUCIÓN O SIN AJUSTARSE A LAS CONDICIONES SEÑALADAS EN ELLAS. (Art. 195 LSCM)	FINALIZACIÓN DE LAS OBRAS (Art. 196 LSCM)
Siempre que NO hayan transcurrido MAS DE 4 AÑOS desde la total terminación de las obras realizadas sin licencia u orden de ejecución, el Alcalde requerirá al promotor y al propietario de las obras o a sus causahabientes para que soliciten en el plazo de dos meses la legalización o ajusten las obras a las condiciones de la Licencia.	Se presume que unas obras realizadas sin titulo habilitante están TOTALMETE TERMINADAS a partir del momento en que estén dispuestas para servir al fin o el uso previsto, sin necesidad de ninguna actuación material posterior.

LA CONSEJERÍA competente en materia de ordenación urbanística, desde que tenga conocimiento de obras realizadas sin Licencia u orden de ejecución podrá dirigirse al Alcalde a los efectos de la adopción de la medida señalada en el párrafo anterior.

Si transcurridos 10 días desde la recepción del requerimiento el Alcalde no comunicara haber adoptado la medida pertinente, esta se acordara directamente por el Consejero.

Si el interesado no solicita la legalización en el plazo de 2 meses o si esta fuera denegada, se procederá como en el supuesto de legalización de actos de edificación o uso del suelo en curso de ejecución.

El plazo máximo de notificación de la resolución de este procedimiento será de 10 meses.

MEDIDAS DE PROTECCIÓN SOBRE OBRAS, CONSTRUCCIONES Y USOS CON LICENCIA Y ORDEN DE EJECUCIÓN

SUSPENSIÓN DE LAS LICENCIAS (Art. 197 LSCM)	RESTABLECIMIENTO DE LA LEGALIDAD (Art. 198 LSCM)	REVISIÓN DE LAS LICENCIAS (Art. 199 LSCM)
Cuando el contenido de una licencia u orden de ejecución constituya una infracción urbanística GRAVE o MUY GRAVE, el Alcalde dispondrá la SUSPENSIÓN de la eficacia de la misma. La Consejería competente desde que tenga conocimiento podrá requerir al Alcalde para que proceda a la suspensión.	Si el Tribunal de la Jurisdicción Contencioso- Administrativa al dictar Sentencia ANULASE LA LICENCIA, el orden municipal que suspendió sus efectos ordenara la incoación del EXPEDIENTE SANCIONADOR para imponer las multas correspondientes y demás medidas previstas por esta ley.	Si las obras estuvieran terminadas, las licencias cuyo contenido constituya o legitime alguna de las infracciones graves o muy graves, deberán ser REVISADAS por el órgano municipal correspondiente por el procedimiento establecido en la legislación reguladora del régimen jurídico de las Administraciones Públicas y del Procedimiento Administrativo Común.
Esta medida llevara consigo la paralización o el CESE INMEDIATO de los actos de edificación o usos del suelo ya iniciados.	Hasta que el Tribunal no dicte Sentencia, continuara la paralización de las obras. Éstas serán demolidas cuando la autoridad competente lo acuerde, si la Sentencia anula la licencia u orden de ejecución.	
El Alcalde dará TRASLADO directo de la resolución de suspensión en el plazo de 10 días al órgano competente del orden jurisdiccional contencioso-administrativo.	Si se trata de una licencia que autoriza una demolición indebida, anulado el acto administrativo en vía jurisdiccional, se procederá a la reconstrucción de lo demolido.	
Estas actuaciones se entienden sin perjuicio de las de carácter sancionador.		
Las medidas de suspensión podrán acordarse mientras las obras o usos del suelo estén realizándose cualquiera que sea la fecha de otorgamiento de la licencia.		

MEDIDAS SOBRE OBRAS, CONSTRUCCIONES Y USOS EN ZONAS VERDES Y ESPACIOS LIBRES (ART. 200 LSCM)

Los actos de construcción, edificación o uso del suelo que se realicen sin licencia u orden de ejecución en terrenos calificados por el planeamiento urbanístico como zona verde o espacio libre quedaran SUJETAS al régimen jurídico de medidas de protección descritos anteriormente y NO SE APLICARÁ LIMITACION DE PLAZO alguna para el ejercicio de las potestades de protección de la legalidad urbanística.

Son NULAS DE PLENO DERECHO las licencias que legitimen y las ordenes de ejecución que impongan actos o usos que constituyan infracciones urbanísticas muy graves, y en todo caso, las que afecten a zonas verdes y espacios libres.

TEMA XVI. INFRACCIONES, SANCIONES Y DELITOS URBANÍSTICOS

INFRACCIONES URBANÍSTICAS

CONCEPTO Y CONSECUENCIAS LEGALES (ART. 201 Y 202 LSCM)

Son infracciones urbanísticas las acciones u omisiones que VULNEREN O CONTRAVENGAN la Ley del Suelo, los planes y las ordenanzas y estén sujetas a sanción y tipificados en la presente Ley.

Toda acción u omisión tipificada como infracción urbanística podrá dar lugar a la adopción de las siguientes medidas:
*La RESTAURACIÓN del orden jurídico infringido y de la realidad física alterada o transformada.
*INICIACIÓN DE LOS PROCEDIMIENTOS DE SUSPENSIÓN Y REVOCACIÓN o anulación de los actos administrativos en lo que pueda ampararse la actuación ilegal.
*Las que procedan para la exigencia de la RESPONSABILIDAD SANCIONADORA, y en su caso, la RESPONSABILIDAD PENAL.
*EL RESARCIMIENTO DE DAÑOS E INDEMNIZACION DE PERJUICIOS a cargo de los responsables.

PERSONAS RESPONSABLES (ART. 205 LSCM)

EN LAS OBRAS O USOS QUE SE EJECUTEN SIN LICENCIA LAS PERSONAS RESPONSABLES SON:

- Los técnicos facultativos.
- Los promotores y constructores.

EN LAS OBRAS O USOS QUE SE EJECUTEN AMPARADOS EN UNA LICENCIA CUYO CONTENIDO CONSTITUYA UNA INFRACCIÓN URBANÍSTICA SON RESPONSABLES.

- Las personas enumeradas anteriormente.
- El titular del órgano administrativo unipersonal.
- Los miembros de los órganos colegiados que hayan votado a favor.
- El Secretario del Ayuntamiento.

El o los funcionarios facultativos que hayan informado favorablemente en la fase de instrucción de procedimiento.

CIRCUNSTANCIAS MODIFICATIVAS DE LA RESPONSABILIDAD

CIRCUNSTANCIAS AGRAVANTES (ART.206.1 LSCM)

- Prevalerse de la titularidad de un oficio o CARGO PÚBLICO.
- Emplear la VIOLENCIA o cualquier otro tipo de coacción.
- Cometer la infracción ALTERANDO LOS SUPUESTOS DE HECHO.
- Aprovechar o explotar EN BENEFICIO PROPIO una grave necesidad pública o del particular o particulares que resultaren perjudicados.
- OFRECER RESISTENCIA.
- Iniciar las obras SIN ORDEN escrita del titulado técnico director y las modificaciones en la ejecución del proyecto sin instrucciones expresas de dicho técnico, quedando exento de responsabilidad el empresario constructor en todos aquellos casos en que justifiquen suficientemente haberse atenido a las instrucciones recibidas de la dirección facultativa de las obras.
- Cometer la infracción habiendo sido SANCIONADO CON ANTERIORIDAD, mediante sanción firme.
- PERSISTIR EN LA INFRACCIÓN tras la inspección.

CIRCUNSTANCIAS ATENUANTES (ART. 206.2)

- La AUSENCIA DE INTENCIÓN de causar daño tan grave a los intereses públicos o privados afectados.
- La REPARACIÓN VOLUNTARIA Y ESPONTÁNEA del daño causado antes del inicio de cualquier actuación administrativa sancionadora.
- LA PARALIZACIÓN DE LAS OBRAS O EL CESE EN LA ACTIVIDAD o uso, de modo voluntario, tras la inspección y la pertinente advertencia del agente de la autoridad.
- EL MAYOR O MENOR CONOCIMIENTO TÉCNICO de los pormenores de la actuación, de acuerdo con la profesión o actividad habitual del culpable.
- EL MAYOR O MENOR BENEFICIO obtenido de la infracción o, en su caso, el haberla realizado sin consideración alguna al posible beneficio económico que de la misma se derivase.

CLASES DE INFRACCIONES Y SANCIONES (ART. 204 LSCM)

Son infracciones MUY GRAVES:

- Las tipificadas como GRAVES, cuando afecten a terrenos clasificados como suelo no urbanizable de protección o calificados como elementos de las redes supranacionales o municipales de infraestructura, equipamientos o servicios públicos y a los que tengan la consideración de dominio público por estar comprendidos en zonas de protección o servidumbre.
- EL INCUMPLIMIENTO TOTAL O PARCIAL de las obligaciones impuestas por medidas provisionales o cautelares adoptadas con motivo del ejercicio de la potestad de protección de la legalidad y de restablecimiento del orden jurídico perturbado.
- La DESTRUCCIÓN O DETERIORO DE BIENES CATALOGADOS por la ordenación urbanística o declarados de interés cultural así como las parcelaciones en suelo no urbanizable de protección.

Son Infracciones GRAVES:

- La realización de actos y actividades de transformación del suelo mediante la realización de obras, construcciones, edificaciones o instalaciones SIN LA COBERTURA FORMAL de las aprobaciones, calificaciones, autorizaciones, licencias u órdenes de ejecución preceptivas o contraviniendo las condiciones de las otorgadas, SALVO QUE SE TRATE DE OBRAS MENORES, no precisadas legalmente de proyecto técnico alguno y con escasa repercusión en el ambiente urbano, rural o natural, que tendrán la consideración de infracción de carácter de leve.
- Tendrán en todo caso la condición de infracciones graves los actos consistentes en MOVIMIENTOS DE TIERRA Y EXTRACCIONES DE MINERALES.
- La implantación y el desarrollo de USOS INCOMPATIBLES con la ordenación urbanística aplicable.
- Los INCUMPLIMIENTOS CON OCASIÓN DE LA EJECUCIÓN DEL PLANEAMIENTO urbanístico, de deberes y obligaciones impuestos por la Ley del Suelo y, por los instrumentos de planeamiento, gestión y ejecución o asumidos voluntariamente mediante convenio salvo que se subsanen voluntariamente tras el primer requerimiento formulado al efecto por la Administración, en cuyo caso tendrán la consideración de leves.
- La negativa u OBSTRUCCIÓN A LA LABOR INSPECTORA.

Son Infracciones LEVES:

- Las acciones u omisiones NO COMPRENDIDAS dentro de las infracciones muy graves o graves.

CUANTÍA DE INFRACCIONES Y SANCIONES (ART. 207 LSCM)

- INFRACCIONES LEVES.....................Multa de 600 a 30.000 Euros.
- INFRACCIONES GRAVES...................Multa de 30.001 a 600.000 Euros.
- INFRACCIONES MUY GRAVES...........Multa de 600.001 a 3.000.000 Euros.

GRADUACIÓN DE LAS SANCIONES (ART.208 LSCM)

* Si concurre una circunstancia AGRAVANTE:
  - La multa se impondrá en su GRADO MÁXIMO.

* Sin concurre alguna circunstancia ATENUANTE
  - La multa se impondrá en su GRADO MÍNIMO.

* La misma regla se observara cuando concurra alguna/s de las circunstancias mixtas

- En las PARCELACIONES ILEGALES: El importe de la multa podrá ampliarse a una cuantía igual a todo el beneficio obtenido mas los daños y perjuicios ocasionados. La cuantía de la multa no podrá ser inferior a la diferencia entre el valor inicial y el de venta de la parcela correspondiente.

CARÁCTER INDEPENDIENTE DE LAS SANCIONES (ART. 209 LSCM)

- Las multas que se impongan a los DISTINTOS RESPONSABLES de una sanción tendrán entre si el carácter de INDEPENDIENTE.

INFRACCIONES CONEXAS (ART.210 LSCM)

- Cuando se instruya expediente sancionador por dos o más infracciones tipificadas entre las que exista conexión de causa a efecto se IMPONDRÁ UNA SOLA SANCIÓN y será la correspondiente a las actuaciones que supongan el RESULTADO FINAL PERSEGUIDO en su CUANTÍA MÁXIMA.
- En los demás casos a los responsables de dos o más infracciones urbanísticas se les impondrán las multas correspondientes a cada una de las diversas infracciones cometidas.

INFRACCIONES URBANÍSTICAS: RÉGIMEN ESPECÍFICO EN MATERIA DE PARCELACIÓN (ART. 213 A 216 LSCM)

*Parcelación en suelo no urbanizable de protección...	Sanción con una multa de 20 al 25% del valor de los Terrenos afectados. Esta sanción se incrementará hasta el 30% del valor del suelo si la división realizada Lesiona un valor específico protegido por el Ordenamiento urbanístico.
*Parcelación en suelo urbanizable......	Sanción con una multa del 10 a 15% del valor en Venta de los terrenos afectados.
*Parcelación en suelo urbano............	Sanción con una multa del 10 al 15% del valor en Venta de los terrenos afectados.
*Parcelación que de lugar a lotes inferiores a la parcela mínima............	Sanción con una multa del 10 al 15% del valor de los terrenos afectados.
*Parcelación sin licencia..	Sanción con una multa de 5% del valor de los terrenos afectados.

EN MATERIA DE USO DEL SUELO Y EDIFICACIÓN (ART. 217 A 228 LSCM)

*Obras de Urbanización en contra del uso del suelo...	Sanción con una multa del 15 al 25% el valor de la obra proyectada. La sanción se impondrá en su grado máximo cuando afecte a suelo destinado a viales, parques y jardines públicos, zonas deportivas, de recreo y expansión o equipamiento comunitario.
*Actividades que impiden el uso público..	Sanción con una multa del 15 al 25% del valor del suelo afectado cuando el hecho que impide el uso origine una situación permanente, sanción con una multa del 5 al 10% de dicho valor cuando se realicen con carácter meramente ocasional, o las actividades puedan ser objeto de legalización multa que oscilará entre 600 y 30.000 euros cuando la infracción se realice sobre bienes no susceptibles de valoración por estar excluidos del tráfico jurídico.

*Alteración o defraudación objetiva del uso..	Sanción con una multa del 10 al 15% del valor del edificio, planta local o dependencia.
*Exceso sobre la edificabilidad....................................	Sanción con una multa del 15 al 25% de su valor el exceso de edificación.
*Obras en Edificio fuera de ordenación...	Sanción con una multa del 10 al 15% del valor de lo realizado.
*Edificación en parcela inferior a la mínima...	Sanción con una multa del 15 al 25% del valor de la obra proyectada, graduado en función de la mayor o menos desproporción que exista.
*Incumplimiento de las reglas de distancia...	Sanción con una multa del 15 al 25% del importe de la obra.
*Obras en edificios catalogados..	Sanción con una multa equivalente al doble del valor de lo destruido. Sanción con una multa del 75 al 100% del valor de la obra proyectada la realización de construcciones en lugares que formen parte de un grupo de edificios de carácter histórico-artístico, arqueológico, que quebranten la armonía del grupo. La graduación de la multa será en atención al carácter grave o leve de la discordancia producida
*Infracción de las normas higiénico-sanitarias y estéticas..............................	Sanción con una multa del 15 al 25% del valor de las obras a complementarias necesarias para subsanar las deficiencias correspondientes.
* Otras vulneraciones de la Ordenanzas Municipales......	Sanción con una multa del 15 al 25% del valor de las obras complementarias necesarias para subsanar las deficiencias.
*Tala y derribo de Árboles..	Sanción con una multa de 600 a 30.000 euros la tala de árboles realizados sin la preceptiva licencia. La cuantía de la multa se establecerá en función del grado de irreversibilidad del deterioro causado.

*Carteles y Otros Soportes de Publicidad...	Sanción con una multa de 600 a 30.000 euros la colocación de éstos sin Licencia, se graduará en función del tamaño, localización e incidencia en el medio físico.
*Instalaciones de Casas Prefabricadas o similares..	Sanción con una multa del 10 al 15% de su valor.

EN MATERIA DE INCUMPLIMIENTO DE PLANEAMIENTO

***Obras y usos realizados sin la cobertura de los administrativos que deban legitimarlos (Art. 229 LSCM):**

- Sanción con una multa equivalente al importe de las obras de urbanización e implantación de servicios, cuando afecte a suelo no urbanizable de protección y suelo urbanizable no sectorizado.
- La sanción que se imponga nunca será inferior a 3.000 euros.
- Cuando las obras afecten a suelo urbano o urbanizable sectorizado, la multa será del 20 al 25% del valor de las obras efectivamente ejecutadas, salvo que sean susceptibles de legalización, en cuyo caso la multa será del 5% de dicho valor.

***Incumplimiento de las obligaciones de conservación de las obras de urbanización (Art. 230 LSCM)**

- Sanción con una multa de 6.000 a 300.000 euros.
- La cuantía de la multa será proporcional al grado de deterioro o abandono de los elementos de la urbanización.

PROCEDIMIENTO

*El procedimiento sancionador se ajustará al procedimiento regulado por la legislación del procedimiento administrativo común y la legislación de la Comunidad de Madrid.

COMPETENCIA PARA INCOAR E INSTRUIR PROCEDIMIENTOS SANCIONADORES (ART. 231 LSCM)

- Los MUNICIPIOS y LA COMUNIDAD DE MADRID
- La incoación acordada por una de las dos administraciones deberá ser NOTIFICADA A LA OTRA.
- Si ambas administraciones han incoado procedimiento, la COMUNIDAD DE MADRID SE ABSTENDRA de continuar.

COMPETENCIA PARA RESOLVER PROCEDIMIENTOS SANCIONADORES (ART. 232 LSCM)

*EL ALCALDE:	
-En los Municipios hasta 5.000 HABITANTES DE DERECHO..	Sanciones de hasta 150.000 euros
-En los Municipios comprendidos entre 5.001 y 50.000 HABITANTES DE DERECHO..	Sanciones de hasta 600.000 euros
-En los Municipios comprendidos entre 50.001 y 500.000 HABITANTES DERECHO..	Sanciones de hasta 1.200.000 euros
-En los Municipios de MAS DE 500.000 HABITANTES..	Sanciones de hasta 1.500.000 euros
*EL CONSEJERO COMPETENTE:	
-Sanciones que no superen 1.800.000 euros	
*EL GOBIERNO DE LA COMUNIDAD DE MADRID:	
-En los restantes casos.	

DESTINO DE LAS MULTAS (ART. 234 LSCM)

- El importe de las multas se recaudara en la forma legalmente prevista.
- Los ingresos se destinaran al PATRIMONIO PÚBLICO DEL SUELO, de la administración que hubiera impuesto la sanción.
- El importe de las multas impuestas por procedimiento incoados por la administración municipal, corresponderá a los Ayuntamientos aunque la sanción se imponga por razón de la cuantía por la Administración de la Comunidad de Madrid.

ANULACIÓN DEL ACTO ADMINISTRATIVO HABILITANTE (ART. 235 LSCM)

- Si los actos y las actividades constitutivas de infracción se realizan al amparo de una licencia u orden de ejecución, no se podrá imponer sanción en tanto no se proceda a la anulación del acto administrativo que las autorice.
- Si la anulación de la licencia fuera consecuencia de la anulación del instrumento de planeamiento urbanístico del que trae causa, no habrá lugar a la imposición de sanciones a quienes actúen al amparo de dichas licencias.

PRESCRIPCIÓN

PLAZO DE PRESCRIPCIÓN (ART. 236 LSCM)

* PRESCRIPCIÓN DE INFRACCIONES:
  - 4 AÑOS.
  - Excepción: Infracciones que afecten a zonas verdes y espacios libres, que no tienen plazo de prescripción.
* PRESCRIPCIÓN DE SANCIONES:
  - 4 AÑOS

INICIO DEL CÓMPUTO (ART. 237 LSCM)

* INFRACCIONES:
  - Regla General: Desde el día en que la infracción se haya cometido, o, en todo caso, desde aquel en que hubiera podido incoarse el procedimiento sancionador (desde la aparición de signos externos que permitan conocer los hechos).
  - Reglas Especiales:
    1. Ejecución de obras o desarrollo de usos: el plazo nunca comenzara a correr antes de la total terminación de las obras o el cese definitivo de los usos.
    2. Actividad continuada: la fecha inicial del cómputo será la de la finalización de la actividad o la del último acto.

*SANCIONES:
- Desde el día siguiente a aquel en que adquiera firmeza, la resolución por la que se imponga la sanción.

EPÍLOGO, A MODO DE DESPEDIDA

Desde mi experiencia, en los casi 15 años ya que llevo desarrollando diversos cargos públicos relacionados en mayor o menor medida con el urbanismo y el desarrollo territorial de las ciudades, creo sinceramente que al inicio de los mismos e incluso hoy en día me vendría bastante bien un texto de consulta rápida y clara, que me permita refrescar ideas, aclarar conceptos y visualizar procedimientos fácilmente.

Esta y no otra, fue la motivación que me llevo a realizar estas pinceladas de urbanismo para no urbanistas, un enfoque desde lo práctico dejando muchas veces de lado la rigurosidad jurídica en aras de una mejor y mayor comprensión.

Hoy en día, yo mismo en mis comienzos y muchas veces pienso que también en la actualidad, tenemos muchas personas que ocupan cargos de responsabilidad política o directiva, que toman decisiones sobre el desarrollo de sus territorios sin tener una idea clara de las mismas y en base a informes complejos que la mayoría de ellos no llegan a comprender nunca; simplemente ahora que estamos en la era de lo "on line" basta con ver retrasmitidos por la red los asuntos del día relativos a urbanismo de cualquier pleno municipal para comprobar lo que se asevera en estas líneas: concejales de gobierno y de oposición, disertando y decidiendo sobre dichos asuntos, desconociendo no solo la terminología si no diciendo verdaderas barbaridades e incluso contradictorias en la argumentación de sus distintas posiciones en el pleno municipal, gracias a Dios que al final los puntos del orden de día se aprueban en base unos informes elaborados por magníficos profesionales y la ejecución de lo allí establecido también.

Especialmente este texto, va dirigido a este tipo de personas que bien por el ejercicio de su profesión o bien porque en su vida cotidiana se ven afectados por el desarrollo y ejecución de cualquier planteamiento urbanístico, puedan de un vistazo rápido realizar una consulta y tener una cierta orientación.

Después de haber realizado, o por lo menos haberlo pretendido que no se si conseguido, un breve, esquemático y sintético desarrollo de los procesos urbanísticos, desde el régimen constitucional del mismo hasta algo mucho más concreto, como son las infracciones urbanísticas; abandono el teclear de más frases y palabras, no con la satisfacción de haber realizado algo novedoso, ni mucho menos lo es; no con la vanidad de haber sido capaz de escribir algo más o menos coherente, puesto que hay multitud de autores con muchísimo prestigio capaces de disertar jurídica y socialmente con mucha más coherencia, capacidad, sabiduría y experiencia;

simplemente abandono este teclear con la esperanza de haber realizado un texto útil y de fácil consulta, para todas aquellas personas que realizan sus primeras aproximaciones al urbanismo y al desarrollo territorial.

Me despido, con unas disculpas anticipadas, perfectamente expresadas en estas palabras de Leonardo Da Vinci: "He ofendido a Dios y a la humanidad porque mi trabajo no tuvo la calidad que debía haber tenido"; si así fuera, mis disculpas a todos.

Gracias ...

Made in United States
Orlando, FL
04 November 2026

90200937R10101